Johannes Zacharias

Galvanische Elemente der Neuzeit in Herstellung,

Einrichtung und Leistung

Johannes Zacharias

Galvanische Elemente der Neuzeit in Herstellung, Einrichtung und Leistung

ISBN/EAN: 9783743605510

Hergestellt in Europa, USA, Kanada, Australien, Japan

Cover: Foto ©Andreas Hilbeck / pixelio.de

Weitere Bücher finden Sie auf **www.hansebooks.com**

Johannes Zacharias

Galvanische Elemente der Neuzeit

Galvanische Elemente
der Neuzeit

in

Herstellung, Einrichtung und Leistung

nach praktischen Erfahrungen

dargestellt

von

Johannes Zacharias
Ingenieur

Mit 62 Abbildungen im Text und 7 Tabellen

Halle a. S.
Verlag von Wilhelm Knapp
1899

Vorwort.

Die Literatur über galvanische Elemente besteht in einigen wenigen Werken, die theilweise veraltet sind und theils die Fortschritte der letzten zehn Jahre kaum berücksichtigen. Verfasser hatte jahrelang durch zahlreiche Untersuchungen Gelegenheit, die verschiedensten Typen kennen zu lernen und auch bei der Herstellung von galvanischen Elementen in grösseren Betrieben thätig zu sein. Für viele Kreise dürfte daher eine Uebersicht auf diesem Gebiete, die auf praktischen Erfahrungen basirt ist, von Interesse sein.

Berlin, im Sommer 1899.

Johannes Zacharias.

Inhaltsverzeichniss.

	Seite
Vorwort	V
Einleitung	1—6
Erklärungen	1
Zweck der galvanischen Elemente	3
Allgemeines	4
I. Konstruktion der gebräuchlichsten Elemente der Neuzeit	7—55
Allgemeine Zusammensetzung	7
Die Elemente nach ihrer chemischen Beschaffenheit	8
Anforderungen an galvanische Elemente	9
Allgemeine Anforderungen an gute Elemente	10
Besondere Anforderungen	10
Grenzen der Anwendbarkeit galvanischer Elemente	11
1. Elemente mit Depolarisation durch Salze	13
Das Meidinger-Element	13
Vereinfachte Meidinger-Elemente	15
Das Element von C. W. Hertel, Berlin	17
Die Behandlung der transportablen Hertel-Elemente	21
Das Kupron-Element	22
2. Elemente mit Depolarisation durch Säuren	25
3. Elemente mit Depolarisation durch Metalloxyde	27
a) Nasse Elemente	27
Das Leclanché-Element	27
Das Leclanché-Barbier-Element	29
Das Fleischer-Element	30
Das Braunstein-Element	31
Das Hydra-Element	33
Nasse Elemente mit Braunsteinpressung	34
Gnom-Element von Szubert	34
Hydra-Elemente	35
Das Reform-Element	35
b) Trockene Elemente	38
Das Galvanophor	38
Das E. C. C.-Element nach Warren	39
Das Hellesen-Element	39
Das Hydra-Element	40
Element mit zwei Zinkpolen	41

	Seite
Lager- oder Füll-Element	42
Doppel-Element	43
Columbus-Trocken-Element	43
Element Etoile	44
Pile Bloc	45
Aeltere Konstruktionen	46
4. Die Normal-Elemente	49
Westons Normal-Cadmium-Element	50
Normal-Daniell-Element	51
5. Ableitung an Kohlen-Elektroden	52
6. Ueber die Verwendbarkeit des Magnesiums	54
II. Herstellung von Trocken-Elementen	56—73
Die Fortschritte der Erzeugung von Elementen	56
Die Ansprüche an die Bestandtheile	59
Die Herstellung	61
III. Auswahl galvanischer Elemente	74—81
IV. Untersuchung galvanischer Elemente	82—100
Zweck der Untersuchung	83
Die Apparate	86
Die Brücke von Kohlrausch	86
Die indirekte Bestimmung des inneren Widerstandes	88
Die Widerstände	89
Die Schaltungen	90
Die Untersuchung	93
Unterbrochene Entladung	97
Fehler in galvanischen Elementen	98
V. Leistungen galvanischer Elemente	101—107
VI. Tabellen und Kurven	108—122
Entladungskurven	115
Spannungskurven	118
VII. Deutsche Patente bezüglich galvanischer Elemente	123—128
Schluss	128
Sachregister	130—132

Einleitung.

Erklärungen.

Was ist ein galvanisches Element?

Hierunter versteht man eine Vorrichtung, einen Apparat, welcher vermöge seiner Konstruktion und seiner Bestandtheile geeignet ist, unter gewissen Bedingungen elektrischen Strom zu erzeugen, elektrische Kraft in kleinem Maasstabe für die verschiedensten Zwecke zu liefern.[1]

Sind mehrere Elemente oder Zellen zu gemeinsamer Leistung vereinigt, so spricht man von einer Batterie, gleichgültig, wie gross die einzelnen Elemente sind.

Woraus besteht im allgemeinen ein galvanisches Element?

In einem Gefäss aus Glas, Metall, Hartgummi oder dergl. befinden sich gewöhnlich zwei verschiedene Theile, Elektroden genannt, von denen der eine aus Kohle, Platin, Silber, Kupfer oder Eisen gebildet ist, während der andere gewöhnlich aus Zink besteht.

Die Form dieser Elektroden ist sehr verschieden, man fertigt sie als Cylinder, Platten oder massive Kolben.

---

[1] Theoretische Erklärungen dieses Vorganges findet man ausführlich in den Werken von Alfred Niaudet, W. Ph. Hauck, sowie von Professor Henry S. Carhart, übersetzt von Dr. Paul Schoop, Wilhelm Knapp, Halle a. S. 1895; Dr. Edm. Hoppe, Geschichte der Elektricität, Leipzig 1884.

Da jeder elektrolytische Prozess, auf welchem die galvanischen Elemente beruhen, einer Flüssigkeit oder Feuchtigkeit bedarf, so tauchen die Elektroden in eine solche, Elektrolyt genannte, ein, welche aus Wasser, mit Säuren oder Salzen vermischt, gewöhnlich besteht.

Viele Elemente enthalten ausser dem Elektrolyten noch einen „depolarisirenden" Stoff, wie z. B. Braunstein, der für die dauernde Wirksamkeit der Zellen sorgt, indem er den der Wirkung schädlichen Wasserstoff, welcher in allen Elementen entsteht, in geeigneter Weise beseitigt bezw. unschädlich macht. Von dem guten Verlauf dieses Vorganges hängt die Güte bezw. Brauchbarkeit der meisten Elemente ab.

Die Pole eines Elements nennt man die hervorstehenden Enden der Elektroden, z. B. der Kohle und des Zinks, an welchen irgend welche Klemmen oder Schrauben befestigt sind, um den Strom aus dem Element fortzuleiten.

Die Drahtverbindung am Zink giebt uns den negativen, am Kupfer oder der Kohle bezw. den sonst oben genannten Metallen den positiven Pol.

Reihenschaltung von Elementen nennt man die metallische Verbindung einer Anzahl von Zellen mit den ungleichnamigen Polen. Nebeneinanderschaltung ist die Verbindung der gleichnamigen Pole miteinander.

Worin unterscheidet sich das galvanische Element vom Akkumulator?

Der Akkumulator giebt die in ihm durch den „Ladeprozess" aufgespeicherte Energie ab, während das galvanische Element dieselbe aus der elektrochemischen Umsetzung seiner Elektroden und Chemikalien selbst erzeugt. Ist die Kraft eines Akkumulators erschöpft, so kann er von neuem geladen werden, seine Elektroden werden zwar abgenutzt, aber nicht eigentlich durch jede Entladung verbraucht, während beim galvanischen Element nach jeder Entladung ein grosser Theil seiner wirksamen Bestandtheile verbraucht ist und völlig erneuert werden muss.

Die Spannung. Jeder Stoff entwickelt im Elektrolyten gegen einen anderen eine gewisse Spannung. Die Spannung ist um so grösser, je weiter die in der nachfolgenden Tabelle aufgeführten Stoffe voneinander entfernt stehen.

Spannungsreihen von zwei Metallen in einer Lösung.

Verdünnte Salpetersäure (1 Vol. Säure und 7 Vol. Wasser)	Verdünnte Schwefelsäure	Salmiaklösung	Kochsalzlösung	Kalilauge oder Natronlauge	Zinkchlorid
+ Zink	Zink	Zink	Zink	Zinn	Zink
Blei	Eisen	Blei	Blei	Zink	Stahl
Zinn	Zinn	Zinn	Zinn	Antimon	Gold
Eisen	Blei	Eisen	Eisen	Blei	Platin
Nickel	Aluminium	Wismuth	Antimon	Wismuth	Antimon
Wismuth	Nickel	Antimon	Wismuth	Eisen	Kupfer
Antimon	Antimon	Silber	Kupfer	Kupfer	Wismuth
Kupfer	Wismuth	Quecksilber	Silber	Nickel	Zinn
— Silber	Kupfer	Kohle	Platin	Silber	Blei
	Silber	Platin			
	Platin	Graphit			
		Braunstein			

Nachdem wir kurz die Bestandtheile galvanischer Elemente kennen gelernt haben, fragen wir weiter, wozu dieselben gebraucht werden.

Zweck der galvanischen Elemente.

Bevor man gelernt hatte elektrischen Strom auf mechanischem Wege durch Magnetinduktoren und Dynamomaschinen zu erzeugen, bildeten die galvanischen Elemente die einzige Quelle für elektrische Ströme. Die Erzeugung der Elektricität aus der Wärme durch Thermosäulen ist trotz vieler Bemühungen bis auf den heutigen Tag noch sehr mangelhaft geblieben.

Obgleich also die galvanischen Elemente längere Zeit hindurch eine sehr wichtige Rolle spielten, ja die einzige Stromquelle waren, sind sie bis vor kurzem immer noch recht mangelhaft gewesen.

Von den sehr zahlreichen Konstruktionen, Zusammensetzungen und Variationen haben nur sehr wenige sich praktisch bewährt oder einen umfangreicheren Gebrauch erzielen können. Es ist erstaunlich, wie mannigfach und zahlreich die Erfindungen auf diesem Gebiete sind und wie wenige davon auch nur einigen Werth haben.

Die Ursache dieser Erscheinung liegt offenbar darin, dass viele Unberufene ohne gründliche Vorkenntnisse sich veranlasst sahen, mit verhältnissmässig geringen Mitteln die Herstellung dieser viel gebrauchten Stromquellen zu versuchen, und da auch die besten von den sogenannten konstanten Elementen immerhin noch sehr mässige Leistungen aufweisen, so war es bis in die letzte Zeit auch nicht allzuschwer, einigermaassen brauchbare Elemente zu erzeugen.

Auch ein anderer Umstand begünstigte die vielen mangelhaften Leistungen: Die meisten Leute, welche Elemente verwenden, die Haustelegraphen-Installateure besitzen gewöhnlich weder Messinstrumente noch verstehen sie zu messen. Haben wir doch für praktischen Gebrauch bis vor wenig Jahren noch keine geeigneten Strom- und Spannungsmesser besessen, die zur Untersuchung von Elementen geeignet gewesen wären. Hieraus erklärt sich, dass auch heute noch viele minderwerthigen Erzeugnisse willige Abnehmer finden.

Die meisten galvanischen Elemente sind für die Erzeugung schwacher elektrischer Ströme, die sich in den Grenzen von 10 bis 500 Milliampère bewegen, immer eine billige und stets bereite Quelle, die bei unseren Wohnungseinrichtungen und zur Uebermittelung von Nachrichten durch Zeichen, Buchstaben, Schrift oder Worte unentbehrlich geworden sind.

Sobald man an ihre Leistungsfähigkeit, in Bezug auf die abzugebende Stromstärke, höhere Anforderungen stellt, also etwa Ströme von 0,5—0,8 Ampère und mehr entnimmt, sind sie im Betriebe gewöhnlich nicht mehr billig, darüber hinaus können sie mit dem mechanisch erzeugten Strom (Dynamos) überhaupt kaum mehr konkurriren. Das Gebiet ihrer Anwendung ist hiermit also streng abgegrenzt, es ist jedoch bei der heutigen Entwickelung der Schwachstromtechnik immerhin sehr gross, und insofern ist es auch berechtigt, auf die interessante Technik der galvanischen Elemente näher einzugehen.

Zur Erzeugung elektrischen Lichtes, also dauernder Leistung für ein bis zwei Glühlampen, zum Laden von Akkumulatoren sind nur, wie wir später sehen werden, sehr wenige Elemente geeignet und ist man in diesen Fällen meistens genöthigt, den Maschinenstrom zu Hülfe zu nehmen.

Allgemeines.

Entwickelung der Elementtechnik.

Mit den ungeheuren Fortschritten der Elektrotechnik wendeten sich die meisten Kräfte der Starkstromtechnik zu; das noch viel grössere Gebiet der Schwachstromtechnik wurde in vieler

Beziehung vernachlässigt, nur Telephon und Mikrophon machten hiervon eine Ausnahme. — Ganz vernachlässigt schien die Verbesserung der galvanischen Elemente. — In der Verkehrstelegraphie herrschte lange Jahre das Meidinger-Element und seine Abarten, in der Haustelegraphie das Leclanché-Element und dessen verschiedene Aenderungen. So blieb es bis beinahe zum Jahre 1890.

Um diese Zeit fing man an, die heute viel verbreiteten geschlossenen oder Trocken-Elemente in den Verkehr zu bringen und erkannte bald die Vorzüge derselben, welche zu auffällig sind, als dass sie jemals wieder aus dem allgemeinen Gebrauch verschwinden könnten. Die Folge hiervon war, dass eine Menge Unberufener sich auf diese Fabrikation verlegte und durch mangelhafte Herstellung, falsche Zusammensetzung oder unverständigste Reklame der guten Sache vielen Schaden zufügte. Selbst Kaufleute ohne alle Fach- und Sachkenntniss unternahmen die Herstellung solcher Elemente nach irgendwie erworbenen „Geheimvorschriften".

Der Rückschlag blieb nicht aus: Die grosse Zahl von Installateuren, welche ohne genügende Kenntnisse und ohne eigenes Urtheil auf diese Schunderzeugnisse hineingefallen waren, oder denen man die unmöglichsten Leistungen von Trocken-Elementen aufgebunden hatte, wandten sich enttäuscht wieder den offenen nassen Elementen zu und es entbrannte ein heftiger Kampf des „trockenen" gegen das „nasse" Element.

Dieser mit allen Mitteln der Erfindungsgabe, Technik und Reklame geführte Kampf ums Dasein dauerte bis etwa Anfang 1893 und endigte mit einem glänzenden Siege der Trocken-Elemente.

Wie wenig Bedeutung man selbst in Fachkreisen denselben noch 1891 beigemessen hat, geht aus dem 1894 veröffentlichten Berichte der Internationalen Elektrotechnischen Ausstellung zu Frankfurt a. M. hervor, der an Dürftigkeit in dieser Beziehung nichts zu wünschen übrig lässt und Entladungsversuche von galvanischen Elementen überhaupt nicht enthält.

In den letzten Jahren hat man auch nasse Elemente auf den Markt gebracht, welche analog den sogenannten Trocken-Elementen konstruirt sind, bei denen jedoch der Elektrolyt als Flüssigkeit und nicht in Form eines damit angefeuchteten porösen Stoffes angewendet wird. — Sehen wir nun zu, welche Vorgänge im Innern der Elemente stattfinden, nachdem wir deren allgemeine Entwickelung kennen gelernt haben.

Die Vorgänge im Element nach Anschauungen der Neuzeit.

Auf Grund der einheitlichen Naturanschauung nimmt man jetzt allgemein an, dass Licht, Wärme und Elektricität dieselbe Bewegungsursache, die Schwingungen des Aethers zur Grundlage haben.

Von diesen Gesichtspunkten aus müssen wir uns auch die Erzeugung des elektrischen Stromes erklären. Die fortschreitende Wissenschaft ist zu der Erkenntniss gekommen, dass viele bislang als unumstössliche Wahrheit geltende Gesetze nur bedingt, das heisst nur in den Grenzen unserer derzeitigen Naturerkenntniss richtig sind. So hat man die Elektrochemie als die Physik der Moleküle zu betrachten, über die wir eigentlich noch sehr wenig wissen. Durch welche Vorrichtungen und Maassnahmen der elektrische Strom durch Maschinen erzeugt wird, wissen wir ganz genau, aber durch welche Einwirkung der kleinsten Theile, durch welche Wechselwirkung zwischen festen und flüssigen Körpern, deren Salzen, Säuren oder Metalloxyden der elektrische Strom in den galvanischen Elementen eigentlich entsteht, bedarf noch genauerer Erforschung.

Vermuthlich wird die chemisch gebundene Wärme der Körper nicht als solche frei, sondern sie wird sofort in Elektricität ganz oder theilweise umgesetzt.

Ein galvanisches Element ist demnach eine chemische Vorrichtung zur Erzeugung elektrischer Energie im Kleinen, während die elektrischen Maschinen auf mechanischem Wege diese Kraft im Grossen hervorbringen.

In dieser Erklärung sind auch gleich die Grenzen der Verwendbarkeit der galvanischen Elemente angedeutet; sie sind, wie gesagt, nur für kleine Zwecke, für schwache Ströme geeignet, wie sie die Schwachstromtechnik und in dieser vor allen die Telegraphie bedarf. Wer mehr von ihnen verlangt, macht entweder unerfüllbare Ansprüche oder muss den erzeugten Strom sehr theuer bezahlen, da die Chemikalien, welche in galvanischen Elementen wirksam sind, bedeutend höher im Preise stehen, als der Antrieb elektrischer Maschienen durch Dampf, Gas oder Oel kostet.

Nach dieser allgemeinen Uebersicht der Elementtechnik wenden wir uns den chemischen und konstruktiven Bedingungen und Anforderungen zu, welche bei guten Elementen vorhanden sein müssen.

I. Konstruktion der gebräuchlichsten Elemente der Neuzeit.

Allgemeine Zusammensetzung.

In den galvanischen Elementen verwendet man, wie schon kurz erwähnt, zwei Elektroden aus verschiedenen Stoffen, und zwar besteht die eine Elektrode gewöhnlich aus Zink (der negative Pol), die andere aus Kupfer, Eisen oder Kohle (der positive Pol). Zwischen den Elektroden befindet sich entweder eine Flüssigkeit, eine feste oder gallertartige Masse, die mit Wasser oder einer Lösung von Salzen oder Säuren angefeuchtet ist. Die Stromentwickelung tritt erst ein durch metallische Verbindung beider Pole; ist der Schliessungskreis offen, so entsteht kein Strom, doch findet bei einigen Elementen ein theilweiser Verbrauch an Chemikalien und Metall statt, der für die Stromentwickelung verloren ist.

Durch den elektrochemischen Vorgang wird auch das in allen Elementen vorhandene Wasser in seine Bestandtheile Sauerstoff und Wasserstoff zerlegt. Der Sauerstoff oxydirt das Zink, während der Wasserstoff sich an der Kohle oder dem Kupfer sammelt und die weitere Zersetzung ganz oder theilweise hindert (Polarisation).

Die Beseitigung dieser schädlichen Wirkung des Wasserstoffs, der Polarisation, bildet bei allen Elementen die grosse Schwierigkeit, die so verschiedenartige Zusammensetzungen und Vorschläge gezeitigt hat. Wer diese Schwierigkeiten am vollkommensten überwindet, wer die Polarisation am besten beseitigt, der erzeugt das beste Element.

Die Spannung an den Polen ist durch die Natur der verwendeten Stoffe in gewissen Grenzen gegeben, während die Stromerzeugung von der Grösse oder Oberfläche der Elektroden und der Polarisation in gewissen Grenzen abhängig ist.

Je besser die Flüssigkeit oder feuchte Masse zwischen den Elektroden leitet, desto geringer ist der innere Widerstand; je wirksamer die depolarisirende Masse (Salze, Säuren, Metalloxyde) ist, desto besser geht die Stromerzeugung vor sich, um so niedriger bleibt der innere Widerstand, desto höher erhält sich die Spannung. Je reiner die verwendeten Stoffe sind, um so geringer ist der schädliche Nebenverbrauch, um so glatter verläuft der elektrochemische Prozess. Je sorgfältiger die Herstellung, um so grösser der Erfolg. Von diesen Bedingungen hängt also die Wirkung und Dauer eines jeden galvanischen Elementes ab, vorausgesetzt, dass es auch verständig und sachgemäss gebraucht wird.

Eine grosse Schwierigkeit bei der Elementfabrikation liegt im Preise. Die am meisten gebrauchten Typen und Grössen derselben haben ein Gewicht von etwa 0,75—2 kg und einen Preis von 1,50—4 Mk., während die grössten Typen etwa bis zu 12 Mk., selten mehr kosten.

Zufolge dieser Umstände ist der Fabrikant gezwungen, möglichst billig zu produziren, und um dies zu erreichen, dürfen nur billige Materialien und billige Arbeitskräfte verwendet werden; desgleichen sind komplizirte Konstruktionen möglichst zu vermeiden. Zur Beseitigung der Polarisation (des Wasserstoffs) hat man die verschiedensten Mittel angewendet, worüber nachstehende Eintheilung eine Uebersicht giebt.

Die Elemente nach ihrer chemischen Beschaffenheit.

Es soll nicht die Aufgabe dieses Werkes sein, alle nur irgendwie bekannt gewordenen Erfindungen auf diesem Gebiete zu beschreiben; wer sich darüber zu informiren sucht, findet Ausführliches in den Werken von Niaudet, Haugk, Carhart und Peters, ich will jedoch eine kurze, allgemeine Uebersicht über dieselben hier voranschicken.

Die Depolarisation der Elemente wird bewirkt durch
1. Salze,
2. Säuren,
3. Metalloxyde,
4. Gase.

1. Zu den Elementen mit

   Depolarisation durch Salze

gehören diejenigen nach Daniell, Meidinger, Kramer, Krüger, Callaud, Kohlfürst, Marié-Davy, Siemens, Reynier, Trouvé, Niaudet, Maiche, Pollak.

2. Zu Elementen mit

    Depolarisation durch Säuren

gehören diejenigen nach Bunsen, Grove, Uelsmann, Callan, Faure, Wöhler, d'Arsonval, Fuller, sowie die verschiedenen Tauch-Elemente mit Chromsäure.

3. Bei den Elementen mit

    Depolarisation durch Metalloxyde

hat man verschlossene und offene Elemente zu unterscheiden:

  a) **Offene Elemente** nach Leclanché, Barbier, Fleischer,

  b) Verschlossene oder sogen. Trocken-Elemente nach Gassner, Clark, Hellesen, Vogt, Schmidt und mehreren Anderen.

4.   Elemente mit Depolarisation durch Chlorgas z. B. nach Upward haben keine Verbreitung gefunden.

Die konstruktive Beschaffenheit der galvanischen Elemente richtet sich vornehmlich nach dem Zweck derselben, ob sie für vorübergehenden oder dauernden Gebrauch bestimmt sind und ob dieselben starken oder schwachen Strom zu liefern haben.

Bevor wir die verschiedenen Konstruktionen beschreiben, wollen wir zunächst die Ansprüche kennen lernen, welche man an gute Elemente zu stellen hat, und in welchen engeren Grenzen ihre Verwendbarkeit liegt.

Anforderungen an galvanische Elemente.

Die an galvanische Elemente zu stellenden Anforderungen sind je nach ihrem Zwecke und ihrer Verwendungsart sehr verschieden.

Die Ansprüche an dieselben sind vor allen Dingen sehr verschieden, je nachdem sie als transportable oder als feststehende Batterien dienen sollen, ob sie dauernd oder vorübergehend gebraucht werden, ob sie schwache, unterbrochene oder stärkere Ströme von einiger Dauer liefern sollen, oder auch ob sie von einem Fachmanne oder von einem Unerfahrenen verwendet werden. Auch das Klima, die Lufttemperatur, der Aufstellungsort sind von Einfluss, unter Umständen auch Grösse, Gewicht und Preis.

Aus diesen mannigfachen Ansprüchen schon geht die Nothwendigkeit verschiedener Konstruktionen und Typen hervor, welche den verschiedensten Betriebsverhältnissen angepasst sein müssen, sodass sich ein Element nicht für alle Zwecke eignen kann.

Im allgemeinen hat man folgende Anforderungen zu stellen:

Allgemeine Anforderungen an gute Elemente.

Physikalische Anforderungen: Widerstandsfähig gegen Stösse, nicht zu gross und zu schwer, Auslaufen von Flüssigkeit sollte unmöglich sein, Entwickelung von Dämpfen oder Gasen nicht stattfinden. Gefälliges Aeussere, charakteristische Handelsmarke, gewissenhafte fachmännische Anfertigung.

Chemische Anforderungen: Keine schädlichen oder gefährlichen Stoffe zur Herstellung, kein Nebenverbrauch, leichte Anfertigung, billiger Preis, kein Oxydiren der Polklemmen, kein Austreten der Salze oder Säuren.

Elektrische Anforderungen: Hohe Spannung, grosse Stromstärke, gleichbleibende Wirkung, lange Dauer, geringer innerer Widerstand, gute Isolirung der Pole und des Gefässes, schnelle Erholung der Spannung nach Gebrauch, gleiche Leistung jeder Zelle.

Hieraus ergeben sich besonders folgende wichtige Punkte:

Besondere Anforderungen.

1. Die Klemmenspannung eines Zink-Kupfer-Elementes soll ca. 1 Volt, eines Zink-Kohle-Elementes für dauernden Gebrauch 1,45—1,6 Volt bei offenem Stromkreise sein.
2. Die Stromstärke im Kurzschluss soll bei Zink-Kohle-Trocken-Elementen je nach ihrer Grösse 4—15 Ampère, bei nassen bis 25 Ampère betragen.
3. Der innere Widerstand der Elemente soll zu Anfang des Gebrauchs möglichst gering sein.
4. Die Brauchbarkeit der Elemente soll bei Trocken-Elementen und mässiger Beanspruchung einige Jahre währen, bei nassen Elementen ist eine Reinigung oder theilweise Erneuerung zulässig.
5. Die Kapazität von Elementen mittlerer Grösse soll bei schwachem, unterbrochenem Strom und dauerndem Gebrauch 15—75 Ampèrestunden betragen.
6. Aufsicht und Wartung der Elemente soll ein Minimum und möglichst ohne Fachkenntniss ausführbar sein.
7. Der Elektrolyt soll bei längerem Gebrauch weder eintrocknen, noch als Salz am Rande austreten oder lästige Gase entwickeln.

8. Grösse und Gewicht sollen bei möglichst hoher Leistung möglichst gering sein.

Grenzen der Anwendbarkeit galvanischer Elemente.

Es giebt eine Menge sogen. Fachleute und kleinere Installateure, welche eigentlich nicht recht wissen, was sie von einem galvanischen Element verlangen dürfen, es mögen daher einige kurze Angaben darüber folgen:

1. Die Spannung der galvanischen Elemente richtet sich nach der Beschaffenheit der Elektroden und des Elektrolyten, nicht nach der Grösse des Gefässes bezw. der Grösse der Elektroden. Viele Zink-Kohle-Elemente haben 1,4 — 1,6 Volt Klemmenspannung. Um eine höhere Spannung zu erzielen, sind also mehrere Elemente in einer Reihe hintereinander mit wechselnden Polen zu verbinden, so dass schliesslich ein Zink- und ein Kohle- bezw. ein Kupferpol frei bleiben. Nasse Elemente mit Salzlösungen als Elektrolyten haben 1 — 1,4 Volt Klemmenspannung. Bei Anwendung starker Säuren beträgt die Spannung der Elemente 2 Volt und mehr. Wird statt Zink Magnesium verwendet, so erhöht sich die Spannung solcher Elemente um ca. 1 Volt.

2. Die Stromstärke der Zink-Kupfer-Elemente gewöhnlicher Grösse beträgt nicht mehr als 0,1 Ampère; dieselben können ununterbrochen mit dieser Stromstärke beansprucht werden. Die Meidinger-Ballon-Elemente sind dabei alle sechs Monate neu anzusetzen, der Zinkpol ist dann zu reinigen oder auszuwechseln. Ohne Ballon, also ohne grossen Vorrath an Kupfersulfat, müssen alle 4 — 6 Wochen neue Kupfervitriolkrystalle hinzugefügt werden. Leclanché- und ähnliche nasse Elemente kann man mit Unterbrechungen mit 0,2 — 0,3 Ampère fortlaufend beanspruchen, ebenso gute Trocken-Elemente; letztere geben ausnahmsweise auf kurze Zeit auch 0,5 Ampère und darüber her. Das Lalande-Element grösster Type giebt täglich einige Stunden 0,5 Ampère her; Elemente mit Chromsäure oder anderen starken Säuren können einige Stunden ein und mehr Ampère leisten; für höhere Stromstärken sind sie nur vorübergehend zu brauchen und sehr kostspielig im Betriebe.

Die Erneuerung der Elemente richtet sich nach ihrer Grösse, Beschaffenheit und Beanspruchung. Trocken-Elemente können im allgemeinen überhaupt nicht regenerirt werden, sie sind nach Verbrauch des von ihnen zu leistenden Stromquantums gewöhnlich fast werthlos. Bei nassen Zink-Kohle-Elementen, wie z. B. das

Leclanché-Element, ist im Haustelegraphen- oder im Telephonbetriebe eine alljährliche Renovirung erforderlich, sie können bei richtigem Gebrauch und mässiger Beanspruchung einige Jahre benutzt werden. Elemente mit starken Säuren sind fast täglich frisch anzusetzen. Das Lalande-Element mit Aetzkali im Elektrolyten kann jahrelang gebraucht werden, von Zeit zu Zeit ist Aetzkali hinzuzufügen, der Zinkpol zu erneuern.

3. Zum Betriebe von kleineren Elektromotoren oder dergleichen sind galvanische Elemente gewöhnlich nicht geeignet, ebensowenig zur Beleuchtung mit Glühlampen. Allenfalls kann man mit Elementen Akkumulatoren laden und von diesen den Betriebsstrom entnehmen, kostspielig ist ein derartiger Betrieb jedoch immer.

4. Die Schaltung der Elemente. So viel Verfasser auch schon in verschiedenen Aufsätzen und Büchern darauf hingewiesen hat, immer wieder findet man bis in die neueste Zeit die schöne Regel, dass das Maximum der Stromstärke erreicht wird, wenn der äussere Widerstand des Stromkreises gleich dem inneren Widerstande des Elementes ist.

Diese Regel ist zwar richtig, aber nur mit der Einschränkung anwendbar, dass man zwei oder mehr Reihen von Elementen parallel schaltet, so dass jedes Element nicht mehr Strom liefert als es nach seiner Grösse und Beschaffenheit leisten kann. Bezieht man diese Regel jedoch auf ein einzelnes Element, so ist sie ganz unsinnig, denn eine solche Schaltung käme einem Kurzschluss beinahe gleich, wie folgendes Beispiel zeigen möge. Nach dem Ohmschen Gesetz ist $J = \dfrac{E}{W + w}$. Es sei $W = 0,15$, $w = 0,15$, $E = 1,5$, so ist

$$J = \dfrac{1,5}{0,15 + 0,15} = 5 \text{ Ampère}.$$

Die Klemmenspannung eines Elementes, die anfangs 1,5 Volt ist, sinkt jedoch, sagen wir bei starker Beanspruchung, auf 0,9 Volt, so dass wir dann z. B. haben

$$J = \dfrac{0,9}{0,3} = 3 \text{ Ampère}.$$

Aber auch diese Stromstärke ist für ein Trocken-Element noch zehnfach zu gross.

Die einzig richtige Regel also ist in einem solchen Falle die: Man schaltet z. B. Trocken-Elemente so, dass sie nicht mehr als etwa 0,3 Ampère Stromstärke abzugeben haben. Aehnlich ist entsprechend der Beschaffenheit auch bei allen anderen Elementen zu verfahren.

Verschiedenartige Elemente soll man nur dann hintereinander schalten, wenn ihr innerer Widerstand nicht zu sehr voneinander abweicht. Parallel schalten soll man nur Elemente von gleichem inneren Widerstande, weil anderen Falls die Elemente sehr ungleich beansprucht würden.

Nachdem wir im allgemeinen das Wesen der galvanischen Elemente kennen gelernt haben, wenden wir uns deren spezieller Einrichtung zu und betrachten zunächst die

I. Elemente mit Depolarisation durch Salze.

Wie in dem Abschnitt über die Elemente nach ihrer chemischen Beschaffenheit bereits angeführt ist, gehören in diese Klasse die bekannten und so viel gebrauchten Elemente nach Daniell und deren Modifikationen nach Meidinger. Es sind dies also hauptsächlich die nassen Zink-Kupfer-Elemente.

Auf eine Beschreibung des Daniell'schen Elementes wollen wir hier verzichten, da es zufolge seiner Mängel, die hauptsächlich im porösen Thoncylinder liegen, in letzter Zeit kaum mehr gebraucht wird.

Das Meidinger-Element.

Alle Elemente dieser Klasse und deren Abarten enthalten zwar zwei Flüssigkeiten, die jedoch nicht wie beim Daniell-Element durch einen porösen Thoncylinder getrennt sind, sondern vermöge ihrer verschiedenen Schwere (spez. Gewichts) voneinander getrennt bleiben.

Das ursprüngliche Meidinger-Element, wie es die deutschen Eisenbahnverwaltungen noch heute vielfach in Gebrauch haben, und zwar hauptsächlich für Ruhestrom (stets geschlossenen Stromkreis), ist in Fig. 1 abgebildet. Es ist ein sogen. Ballon-Element.

In einem etwa 170 mm hohen Glasgefäss, das oben 100, unten 84 mm weit ist, steht auf dem Absatz ein starker Zinkring, von dem ein angenieteter und verlötheter Kupferstreifen mit Polklemme nach aussen führt. Der Kupferpol in Gestalt eines Cylinders aus schwachem Kupferblech ruht am Boden in einem kleinen Einsatzglas. Als Ableitung des Kupfers dient ein mit Guttapercha überzogener, starker Kupferdraht, der angenietet ist.

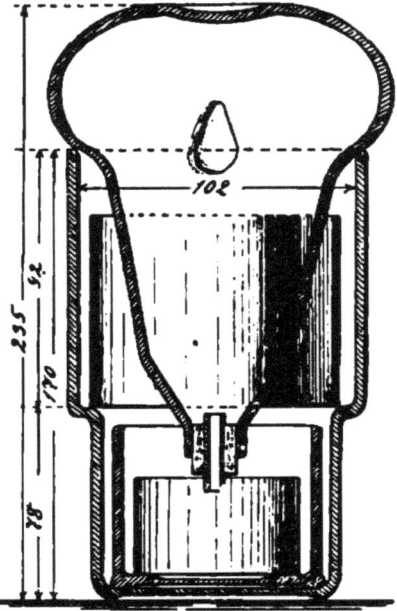

Fig. 1.

Eine Glasflasche in Gestalt eines Ballons ist mit der Oeffnung nach unten in das Standglas hineingestellt. Dasselbe fasst etwa 2 kg Kupfervitriol, der für etwa 6 Monate Betrieb ausreicht. Der Hals der Flasche ist mit einem paraffinirten Korkpfropfen verschlossen, in dessen Durchbohrung ein kurzes Glasröhrchen steckt.

Das Element giebt etwa 1 Volt und 0,1—0,15 Ampère beim Betriebe. Für etwas grössere Stromstärke ist auch noch ein grösseres Modell im Handel mit einem Standglas von 220 mm Höhe. Beim Ansetzen des Elements füllt man den Ballon mit kleinen Kupfersulfatkrystallen und giesst ihn voll Wasser. Das Standgefäss wird etwa bis zur Hälfte mit Wasser gefüllt, in welchem je nach Grösse des Elements 15 bis 30 g Bittersalz für jedes Element aufgelöst sind. Nach Einsetzen des

Fig. 2.

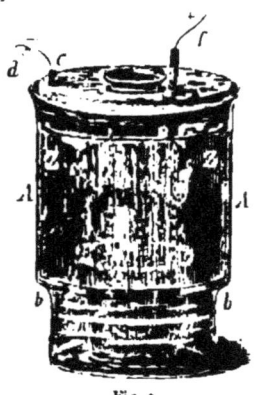

Fig. 3.

Ballons muss das Wasser den oberen Rand des Zinkringes bedecken.

Der innere Widerstand ist am Anfang des Betriebes etwa 3 Ohm, er steigt jedoch mit der Zeit bis auf 9 Ohm.

Man sollte zum Ansetzen der Elemente destillirtes oder doch Regenwasser verwenden, da beides jedoch gewöhnlich auf den Stationen oder in den Wärterhäusern auf den Eisenbahnen nicht vorhanden ist, so wird oft Brunnenwasser dazu gebraucht.

Bei längerem Betriebe steigt etwas Kupfervitriol-Lösung nach dem Zink in die Höhe, so dass sich hier schliesslich Kupferschlamm in langen Zapfen ansetzt. Die Leistung des Elementes fällt dann so stark, dass es gereinigt werden muss. Ein Theil der Zinkringe pflegt nach sechsmonatlichem Stromschluss fast verbraucht zu sein, so dass sie durch neue ersetzt werden müssen. Fig. 2 zeigt das fertig zusammengesetzte Element.

Um das Kupfervitriol in diesem Element öfter ersetzen zu können, hat man statt des Glasballons auch einen Trichter verwendet, wie dies in Fig. 3 abgebildet ist. Die Elemente dieser Art erfordern natürlich einige Wartung, da der Trichter nur wenig Krystalle aufnehmen kann.

Vereinfachte Meidinger-Elemente.

Da sich die Anwendung eines Glasballons oder eines Trichters bei Elementen erübrigt, wenn sie stets unter Aufsicht stehen,

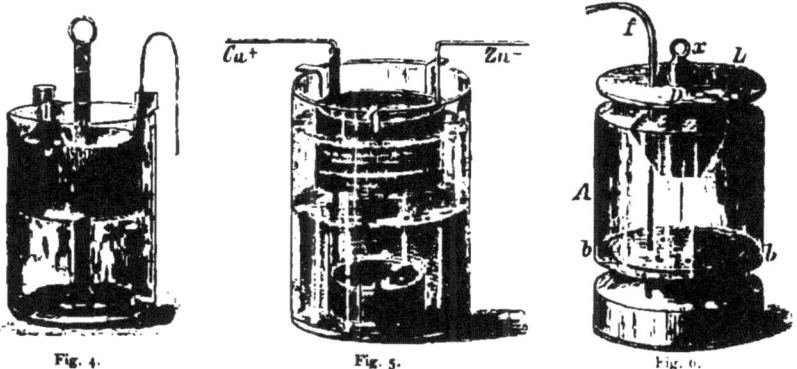

Fig. 4.   Fig. 5.   Fig. 6.

so hat man zahlreiche Abänderungen desselben konstruirt, deren beistehende Abbildungen auch ohne eingehende Erklärung verständlich sein dürften.[1]

---

[1] Ausführliche Beschreibung der Elemente findet man im Werke von Alfred Niaudet und Anderen.

Fig. 4 und 5 zeigen die einfachste Form nach Calland, wie sie bei vielen Telegraphenverwaltungen gebraucht wird. Am Boden befindet sich eine Platte aus Blei oder Kohle, oder auch eine Platte oder niedriger Cylinder aus Kupfer. Der Zinkring ist an drei Nasen am Rande des Gefässes aufgehängt.

Eine andere Abart ist das Element von Kohlfürst (Fig. 6), bei dem der untere Raum, in welchem sich eine Spirale aus Bleiblech mit Kupfervitriol befindet, bei h durch eine gelochte, unglasirte Porzellanplatte abgeschlossen ist. Die Polschraube x trägt den Zinkkolben, die Oeffnung L dient zum Nachgiessen von Wasser.

Fig. 7.

Fig. 8.

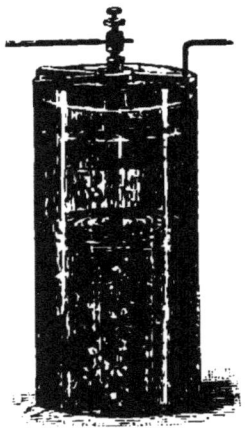

Fig. 9.

Die amerikanischen Verwaltungen benutzen die Modifikationen, wie sie in den Fig. 7 und 8 abgebildet sind. Die Fig. 7 zeigt das Crawfoot-gravity-Element, so genannt nach der Gestalt der Zinkelektrode, die etwa wie ein „Krähenfuss" aussieht. Fig. 8 zeigt die deutsche Form dieses Elements mit sternförmigem Zink. Auch das Lockwood-Element gehört in diese Kategorie (Fig. 9). Die eigenartige Zinkelektrode hängt an einem dreiarmigen Träger. Der Kupferpol besteht aus zwei Kupferdrahtspiralen, zwischen denen etwa 2 kg Kupfervitriol Platz haben.

Die zahlreichen sonstigen Konstruktionen dieser Klasse von Elementen wollen wir übergehen, da sie heute kaum mehr in Gebrauch stehen.

Das Element von C. W. Hertel, Berlin

ist ein sehr praktisch verändertes Lalande-Element, welches in mehreren Staaten patentirt wurde. Es ist ein Zink-Kupfer-, kein Zink-Kohle-Element, obgleich es einen Kohlencylinder enthält. Letzterer dient jedoch nur als Diaphragma zwischen der depolarisirenden Masse bezw. dem Kupfer und dem Zink.

Der Kohlencylinder (Fig. 10) ist von mehrfach verzweigten Kupferbändern umgeben, welche in einem Gemisch von Coakskörnern, feinem Braunstein und Kupferoxyd eingebettet sind. Ein schmales Kupferband dient als Ableitung. Der Raum zwischen Gefäss und emallirtem Eisenring auf dem Kohlencylinder ist oben durch einen Pechaufguss verschlossen. In den Eisenring passt ein isolirender Deckel, welcher den Zinkkolben trägt. Als Elektrolyt dient eine Lösung von Aetzkali in Wasser.

Die Depolarisation wird durch ein Gemisch von 1 kg Kohlenkörnern mit 1,5 kg Braunstein bewirkt. Oben auf diese Mischung giebt man in jedes Element je nach Grösse 5—50 ccm Kupferoxyd. Das neu angesetzte Element hat anfangs 1,1 Volt, nach einer Stunde 1,2 Volt und nach drei Stunden 1,35 Volt.

Die Elemente werden in folgenden Grössen gefertigt:

Hertel-Element.[1])

Type	I	II	III
Höhe des Gefässes . . . . cm	30	16	11
Boden quadratisch, Seite . . . . cm	16	10	7
Gewicht mit Eisengefäss . . . . . kg	7	3	0,7
Spannung . . . . Volt	1,3	1,3	1,3
Kapazität . . . . . Ampèrestunden[2])	600	450	300
Stromstärke . . . . Ampère	0,5—1,0	0,250—0,5	0,002—0,250
Innerer Widerstand anfangs	0,15	0,30	0,40

Elemente in absolut dichten Pappgefässen oder in Gläsern und ohne Transportverschluss sind entsprechend billiger. Nach Erschöpfung der Elemente entferne man Zinkpol und Inhalt des Hohlcylinders und lasse die Elemente trocken stehen, so regenerirt

---

1) Die nachstehenden Angaben basiren auf eingehenden Erfahrungen des Verfassers.

2) Die Kapazität bezieht sich auf die erstmalige Entladung, sie beträgt nach Regeneration der Masse noch ca. $^2/_3$ der ersten Entladung.

sich die depolarisirende Masse an der Luft von selbst; bei völliger Erschöpfung ist eine neue Füllung der Elemente erforderlich.

Die Vorzüge dieses Elements sind:

1. Hohe Stromstärke und zwar bei der grössten Type:
0,5 Ampère 12—24 Stunden lang konstant ohne Unterbrechung,
1 Ampère 2—3 Stunden lang,
2—3 Ampère 1 Minute lang,
10—12 Ampère bei Kurzschluss momentan.

Die zulässige Beanspruchung ist naturgemäss verschieden, je nach Grösse und Inhalt der verschiedenen Typen und Modelle. Der Materialverbrauch richtet sich genau nach der verbrauchten Strommenge; in der Ruhe bei offenem Stromkreis findet kein Verbrauch statt.

2. Die Spannung eines neuen oder wenig gebrauchten Elements ist ca. 1,3 Volt, welcher bei starker und dauernder Beanspruchung auf ca. 1,0—0,8 Volt sinkt, was unter Umständen bei Berechnung der nothwendigen Spannung für den Betrieb von Apparaten zu berücksichtigen ist.

Je nach der Höhe der Beanspruchung muss eine kürzere oder längere Pause erfolgen, damit das Element Zeit hat, sich wieder zu regeneriren. Es empfiehlt sich, das Element stets gut zugedeckt zu halten und den Deckel, an welchem der Zinkpol hängt, nicht offen zu lassen, sondern mit Paraffin zu vergiessen oder auf den Elektrolyten 5 mm hoch Petroleum zu giessen.

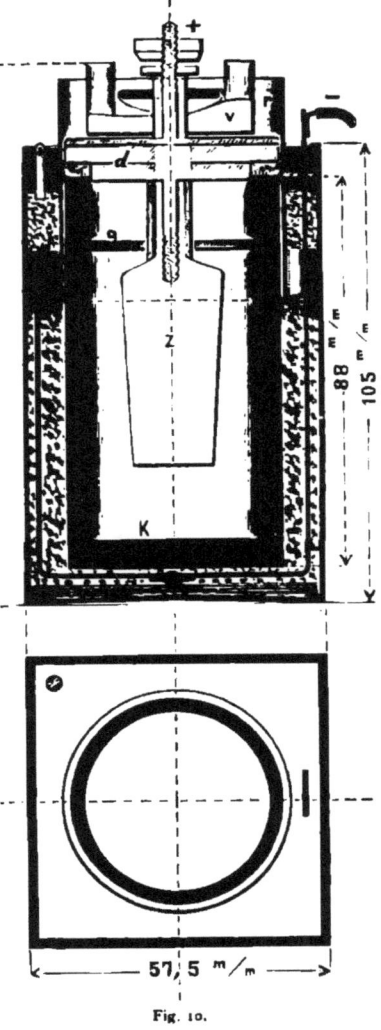

Fig. 10.

3. Die Kapazität ist zufolge der eigenthümlichen, überall vor Nachahmung geschützten Anordnung und Durchbildung aller

Theile, die vier- bis sechsfache der bis jetzt bekannten besten galvanischen trockenen und nassen Elemente, sie entspricht natürlich der Grösse und dem Inhalt der Gefässe. Infolge dessen ist das grösste Modell auch geeignet, in allen den Fällen die Akkumulatoren zu ersetzen, wo Strom auf kurze Zeit gebraucht wird.

4. Der Preis der Elemente ist mit Rücksicht auf die vorstehenden Eigenschaften und hohen Leistungen nicht hoch, ja verhältnissmässig billiger wie viele bekannte Systeme.

5. Die Unterhaltung ist billig und einfach. Elektrolyt und Zinkpol können leicht durch jedermann nach Verbrauch erneuert werden. Ist die depolarisirende Masse im Gefäss, welches oben stets verschlossen ist, nach vielem Gebrauch ausgenutzt, so übernimmt die Fabrik die Neufüllung oder den Umtausch nach Maassgabe der Abnutzung; die Masse regenerirt sich im übrigen schon an der Luft von selbst.

6. Die Verwendung dieser Starkstrom-Elemente ist, entsprechend ihren vorzüglichen Eigenschaften, in weiten Grenzen ermöglicht, sie bilden in vieler Hinsicht ein Mittelding zwischen den bisherigen sogenannten konstanten Elementen und dem Akkumulator und sind besonders überall da zu gebrauchen, wo an galvanische Elemente die höchsten Anforderungen gestellt werden.

Mod. I.

Dient zum Laden von Akkumulatoren oder als Ersatz für solche, je nach Umständen und der verlangten Arbeitsleistung, doch ist es ausgeschlossen, etwa eine ganze Beleuchtungsanlage von einer grösseren Lampenzahl damit betreiben zu wollen, mehr als 2—4 Lampen von 4—8 Kerzen lassen sich rationell damit nicht speisen. Diese Grösse eignet sich vorzüglich auch zum Abfeuern von Geschützen und Torpedos, Betrieb kleiner Elektromotoren und Röntgen'scher Apparate, also überall da, wo keine Maschinenkraft zur Erzeugung elektrischen Stromes vorhanden ist und die höchsten Anforderungen an derartige Stromquellen gestellt werden.

Wo dauernd mehr als 0,5 Ampère gebraucht werden und die Benutzung der Elemente länger als etwa 4—5 Stunden nöthig ist, empfiehlt es sich, mit denselben Akkumulatoren zu laden, zu welchem Zwecke 3—4 Elemente pro Akkumulatorenzelle (von 2,5 Volt beim Laden) hintereinander zu schalten sind. Je nach der Plattenoberfläche kann man den Akkumulatoren höhere Stromstärken als galvanischen Elementen entnehmen, wobei die Spannung nur etwa um 10% sinkt, während bei den galvanischen Elementen bei starker Beanspruchung die Spannung auf etwa $^2/_3$ der Anfangsspannung herabgeht.

Mod. II.

Ist für alle stationären Telegraphenanlagen bestimmt, wo eine starke Beanspruchung der Elemente stattfindet, wie z. B. in Hotels, Signaleinrichtungen, viel gebrauchten Telephonanlagen.

Mod. III.

Ist hauptsächlich als transportables Element[1]) eingerichtet für alle beweglichen Telephon- und Telegraphenanlagen, sowie für ärztliche Zwecke zum Elektrisiren etc. Auf Verlangen erhalten diese Elemente einen doppelten Verschluss, so dass der Elektrolyt nicht auslaufen kann, selbst wenn sie Stunden lang umgekehrt stehen.

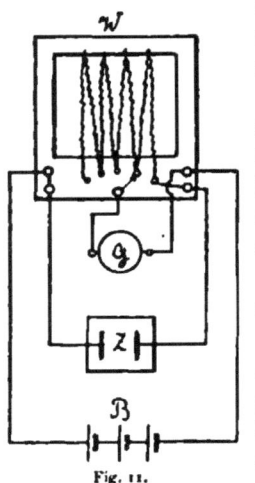
Fig. 11.

Die Elemente werden als nasse oder auch als sogen. trockene geliefert, letztere enthalten selbstverständlich auch eine Flüssigkeit als Elektrolyt, da ohne einen solchen keine Stromerzeugung möglich ist. Für hohe Leistungen sind nur nasse Elemente zu empfehlen.

Für die Anwendung obiger Elemente mögen die nachfolgenden Beispiele dienen:

Eine Beleuchtungsbatterie mit 48 Hertel-Elementen, welche täglich 6 Ampèrestunden abgiebt, kostet $15 \times 48 = 728$ Mk. Die Unterhaltungskosten betragen jährlich etwa 80 Mk. In vierjährigem Betriebe hatte eine solche Batterie $4 \times 2190 = 8760$ Ampèrestunden geleistet und war noch vollkommen betriebsfähig. Rechnet man, dass erst nach acht Jahren eine völlige Renovirung der Batterie erforderlich wäre, so stellt sich die Ampèrestunde auf etwa 5 Pfg. bei ungefähr 38 Volt Betriebsspannung. Ausführlicheres hierüber findet man im Kapitel über die Leistung galvanischer Elemente.

Auch für kleinere galvanoplastische Arbeiten, Versilbern, Vernickeln etc. sind obige Elemente geeignet und kann dabei die in

---

1) In Fig. 10 dargestellt.

Fig. 11 abgebildete Schaltung angewendet werden. Es genügen hierzu 3—4 Elemente der grössten Type, die mit einem Regulirwiderstand W, einem Galvanometer G und dem elektrolytischen Bad Z hintereinander geschaltet werden.

Die Behandlung der transportablen Hertel-Elemente.

Die Länge der Brauchbarkeit des Elements hängt von der Stromstärke und der Dauer des Stromschlusses, besonders auch von der Länge der Betriebspausen ab. Es ist also sehr wichtig, dass die Batterie nicht unnöthigerweise eingeschaltet bleibt und so oft wie möglich Pausen im Gebrauch derselben eintreten.

Durch die sorgfältige Befolgung dieser Gebrauchsregel kann man die Brauchbarkeit ganz bedeutend verlängern.

Ist das Element derart erschöpft, dass Spannung und Stromstärke zum Betriebe der Apparate nicht mehr hinreichen, so ist die Zinkelektrode gut zu reinigen, und falls dies nicht genügt, der Elektrolyt zu erneuern. Ist auch hierdurch Betriebsfähigkeit nicht zu erzielen, so muss das Element völlig entleert werden und 8—14 Tage offen an der Luft stehen.

Der Elektrolyt besteht aus einer Lösung von etwa 1 kg Aetzkali in $1^{1}/_{2}$ l Wasser = 37^{0} Bé. Dieser Lösung ist etwas gelöste Gelatine oder Tragant vom Fabrikanten hinzugefügt, doch ist es nicht rathsam, ohne Erfahrung diesen Zusatz zu machen. Es empfiehlt sich daher, den Elektrolyten entweder vom Fabrikanten fertig zu beziehen oder ohne solchen Zusatz sich zu behelfen, da derselbe lediglich zur Verhütung des Auslaufens der Flüssigkeit dienen soll.

Die Zinkelektrode erhält bei längerem Gebrauch einen starken Ansatz von Salz, der am besten in einer starken Lösung von Aetzkali sich wieder auflöst. Ist keine Zeit und Gelegenheit dazu, die Zinkelektroden in ein besonderes Gefäss für diesen Zweck zu stellen, so genügt das Einlegen eines kleinen Stückes festen Aetzkalis in jedes Element. Ist Zeit zur Reinigung, so bürstet man den Zinkkolben sorgfältig ab, so dass alles Oxyd beseitigt wird und die graue Metallfläche zum Vorschein kommt.

Die Regeneration des Elements nach langem täglichen Gebrauch erzielt man am besten in der Weise, dass man die Zinkelektrode entfernt, den Elektrolyten ausgiesst und den Kohlencylinder wiederholt mit Wasser ausspült, hierauf alle Feuchtigkeit entfernt und die so behandelten Elemente 8—14 Tage offen stehen lässt. Gut ist es auch, alle Flüssigkeit, die etwa aus dem Röhrchen im Harzverguss hervortritt, völlig auslaufen zu lassen und wiederholt das Element mit Wasser zu füllen, um möglichst alle Salzlösung zu entfernen. Nach einer derartigen, sorgfältigen Behandlung wird das Element wieder mit neuem Elektrolyten gefüllt und giebt alsdann ca. $^2/_3$ der ersten Entladung aus. Der Elektrolyt darf nicht zu hoch im Kohlencylinder stehen. Beim Neufüllen ist nach 12—24 Stunden eventuell nachzugiessen. Ist das Element auch zum zweiten Male erschöpft, so kann nur in der Fabrik eine Neufüllung vorgenommen werden.

Allgemeines. Die Elemente sind stets sauber und trocken zu halten, täglich nachzusehen durch Oeffnen des Kastendeckels. Ist eine Unterbrechung vorhanden, so wird dieselbe mit Hülfe eines Telephons und einer zweiten Batterie gesucht, falls der Fehler nicht schon mit dem Auge zu finden ist. Umstürzen der Elemente ist zu vermeiden, auch sollen dieselben möglichst trocken und kühl aufbewahrt werden. Sind Messinstrumente zur Hand, so ist Spannung und Stromstärke von Zeit zu Zeit zu bestimmen, da diese am besten Aufschlüsse über die Brauchbarkeit geben. Ein neues Element giebt ca. 1,2—1,35 Volt und 25—30 Ampèrestunden. Gefüllte Elemente sind stets gut verschlossen kühl und trocken aufzubewahren.[1])

Auf dem gleichen Prinzip wie das Hertel-Element der Depolarisation durch Kupferoxyd beruht

Das Kupron-Element.[2])

Das ursprüngliche Kupferoxyd-Element von Lalande bezw. Chaperon war zur Entnahme stärkerer Ströme noch nicht geeignet, weil das Kupferoxyd an der Eisenelektrode keinen innigen Kontakt von genügender Oberfläche hatte.

Diesem Uebelstande ist in dem Kupron-Element (Fig. 12) durch Herstellung fester Kupferoxydplatten (ohne Glühen) abgeholfen, welche haltbar, fest, porös sind und so stark depolarisirend wirken, dass man den Zellen je nach Grösse und Anzahl der Platten 1—12 Ampère bei dauerndem Stromschluss entnehmen kann. Das Kupron-Element enthält in einer viereckigen Glaszelle ein bis

---

1) Zur Zeit ist Verfasser keine Fabrik bekannt, welche diese Elemente fertigt. Die bisherige Fabrikation derselben ist eingegangen.

2) Hergestellt ähnlich den Edison-Lalande-Elementen von Umbreit & Matthes in Leipzig.

zwei Kupronplatten, welche sich zwischen gut amalgamirten Zinkplatten befinden. Die Herstellung der Kupronplatten ist mir nicht bekannt, nach Carhart-Schoop wird das Kupferoxyd, mit 5—10% Chlormagnesium gemischt, in eiserne Formen gepresst und geglüht, so dass es dann fest auf einem Träger aus Kupferdrahtgeflecht oder dergl. haftet.

Bei gut amalgamirten Zinkplatten findet in der Ruhe kein Materialverbrauch statt. Zur Stromlieferung sind erforderlich pro 1 Ampèrestunde:

Zink 1,25 g incl. Abfälle 2 g,
Aetznatron 4 g incl. Abfall 6 g techn.,
2—3 g chem. rein.[1])

Fig. 12.

Die entladenen Kupferoxydplatten legt man zur Regeneration 15—20 Stunden an einen warmen Ort. Die nachfolgende Tabelle giebt eine Uebersicht der gebräuchlichen Typen.

Kupron-Elemente.

Type		I	II	III	IV
Spannung	Volt	0,8	0,8	0,8	0,8
Strom, normal	Amp.	1	2	4	8
„ maximal	Amp.	1,5	3	6	12
Ampèrestunden-Kapazität		40—50	80—100	160—200	350—400
Ohm, innerer Widerstand		0,06	0,03	0,015	0,0075
Wasser	l	1,2	2,3	4,4	7
Aetznatron zu einer Füllung	kg	0,2	0,4	0,8	1,5
Aetzkali „ „ „	kg	0,3	0,6	1,1	2,0
Anzahl der Kupronplatten		1	1	2	2
	mm	120×100	150×150	150×150	200×200
Länge der Zellen	mm	140	190	200	250
Breite „ „	mm	55	85	130	140
Höhe „ „	mm	190	280	280	370
Gewicht	kg	1,5	3,1	5,25	9

Das Aetznatron kommt in einer Lösung von 20—22° Bé. zur Anwendung. Die Zinkplatten reichen für eine 3—4 malige Füllung der Elemente aus.

Die Klemmenspannung der Elemente ist anfangs 1,10 Volt, die jedoch bald auf 0,85 Volt sinkt.

---

1) Nach Angaben der Fabrik.

Die Entladespannung beträgt je nach der Stromstärke 0,80 bis 0,75 Volt.

Während der Entladung verhält sich das Kupron-Element fast wie ein Akkumulator.

Wie die beiden Fig. 13 und 14 zeigen, sinkt Stromstärke in Spannung sowohl bei starker als auch bei schwacher Entladung

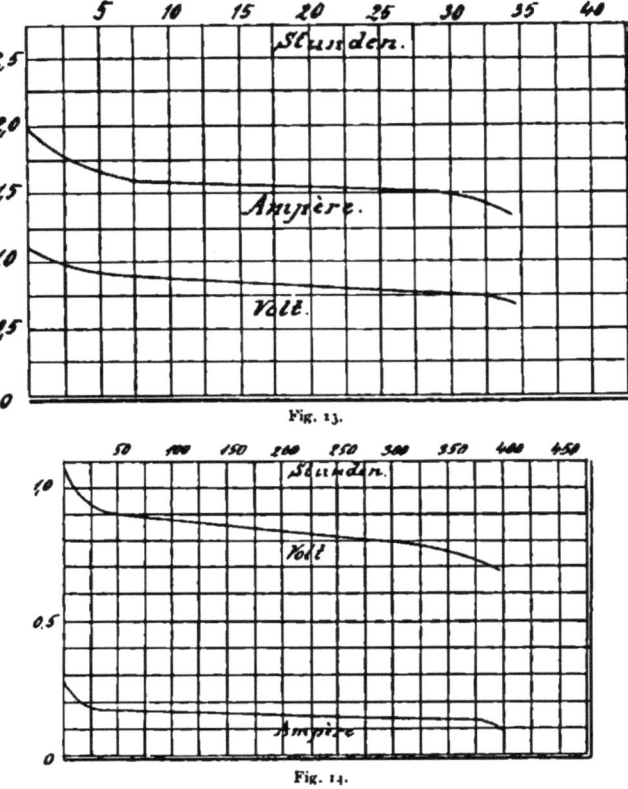

Fig. 13.

Fig. 14.

nur ganz allmählich, erst nach Verbrauch des Oxyds und Sättigung des Elektrolyten mit Zinkoxydhydrat fällt die Spannung plötzlich um 30—40% ab.

Um eine gleichmässige Abnutzung und längere Haltbarkeit der Zinkplatten zu erzielen, setzt man dem Elektrolyten je nach Grösse der vier Typen 10—80 g unterschwefligsaures Natron zu. Oben wird der Elektrolyt in jeder Zelle durch eine Schicht von

5 mm Petroleum gegen Verdunsten und Luftzutritt abgeschlossen, so dass sich keine kohlensauren Salze ausscheiden können und das Element lange Zeit gebrauchsfähig bleibt.

Zur Herstellung des Elektrolyten löst man in 1 l Wasser 200 g Aetznatron bezw. 300 g Aetzkali auf. Das Salz muss stets in luftdicht verschlossenen Büchsen aufbewahrt werden, sonst ist es zufolge Bildung von kohlensaurem Salz untauglich.

Aetzkali ist zwar theurer als Aetznatron, seine Lösung krystallisirt jedoch nicht aus, auch lassen sich die Kupronplatten leichter und schneller oxydiren.

Da die ätzende Lösung Kleidung und Fussboden zerstört, ist besondere Vorsicht beim Füllen der Elemente erforderlich.

Nach dem Gebrauch der Zellen sind die Zinkplatten von Oxyd zu reinigen, da dasselbe bei längerem Stehen einen festen, schlecht leitenden Ueberzug bildet. Die Kupronplatten werden zur Regeneration mit Wasser abgespült. Schon die rothe Farbe des zu Metall reduzirten Kupferoxyds lässt erkennen, wie weit die Platten entladen sind.

Der Elektrolyt soll die Platten stets 10 mm hoch bedecken. Zink- und Kupronplatten dürfen sich in den Zellen nicht berühren, da sie bei Kurzschluss sich schnell entladen würden.

Will man schnell die Kupronplatten regeneriren, so kann dies bei 140—150° C. in 40—50 Minuten bewirkt werden.

Frisch gefüllten Elementen soll man sofort etwas Strom entnehmen, damit etwa entstandenes Kupferoxydhydrat beseitigt wird.

Den Verbrauch des Elektrolyten, d. h. die Sättigung der Alkalilösung mit Zinkoxydhydrat, erkennt man an einem grau-gelblichen Niederschlag auf dem Boden der Zellen. Der gesättigte Elektrolyt giebt zwar immer noch Strom ab, der jedoch nicht konstant bleibt.

2. Elemente mit Depolarisation durch Säuren.

Von den zahlreichen Konstruktionen dieser Klasse von Elementen, als z. B. solchen nach Bunsen, Grove, Callan, Oppermann, haben sich hauptsächlich diejenigen mit Chromsäure eingebürgert.

Die Elektroden bestehen aus Kohlen- und Zinkplatten, von denen mehrere abwechselnd, je nach der verlangten Stromstärke, in einem gemeinsamen Gefäss angebracht sind; auch kann man nach Art des Bunsen-Elementes einen Kohlencylinder und einen Zinkkolben anwenden.

Für den geringsten Zinkverbrauch empfiehlt man[1]) als Elektrolyt folgende Lösung:

1200 g Wasser,
300 g Schwefelsäure,
69 g Chromsäure.

Nach Bunsen wird empfohlen[2])

750 ccm Wasser,
78,5 ccm konzent. Schwefelsäure,
77,5 g Kaliumbichromat.

Billiger ist Natriumbichromat anzuwenden und zwar in folgendem Verhältniss:

Wasser . . . . 1000 ccm,
Schwefelsäure . . . . . 150 ccm,
Natriumbichromat . . . 200 g.

Beim Mischen dieser Theile bildet sich unter der Einwirkung der Schwefelsäure freie Chromsäure, die sehr stark depolarisirend wirkt.

Fig. 15.

Fig. 16.

Zu dieser Klasse von Elementen gehören vor allen auch die Tauch-Elemente, wie sie z. B. von Aerzten in den verschiedensten Ausführungen gebraucht werden.

Fig. 15 zeigt z. B. ein solches Element mit zwei Kohlenplatten, zwischen denen eine Zinkplatte sich heben und senken lässt.

---

1) Nach Dr. Neuburgers Elektrochemischem Kalender.
2) Aus Carhart-Schoop, Die Primär-Elemente, worin sich sehr ausführliche Angaben über Chromsäure finden.

Da die Säure das Zink auch in der Ruhe stark auflöst, so muss dasselbe nach Gebrauch stets aus dem Elektrolyten herausgehoben werden. Hieraus geht auch zugleich hervor, dass diese Elemente sich nur für vorübergehenden Gebrauch eignen.

Eine Tauchbatterie für ärztliche Zwecke zum Herausheben der Elektroden zeigt Fig. 16.

Elemente mit anderen Säuren übergehen wir, da sie nur wenig in Gebrauch gekommen sind, und wenden uns zur nächsten Klasse, nämlich:

3. Elemente mit Depolarisation durch Metalloxyde.

Die geringe Spannung und der hohe innere Widerstand des Meidinger-Elementes, sowie die stete Aufsicht wegen des Nachfüllens von Kupfervitriol, dessen depolarisirende Wirkung nach dem Verbrauch natürlich aufhört, waren die Veranlassung, Metalloxyde zur Depolarisation anzuwenden. Im nachstehenden Abschnitt wollen wir die gebräuchlichsten Formen dieser Klasse von Elementen kennen lernen.

a) Nasse Elemente.

Das Leclanché-Element.

Die vielfachen Mängel, welche die älteren Elemente bei der Depolarisation durch Salze oder Säuren haben, veranlassten M. Leclanché und E. F. Barbier schon 1886 ihr bekanntes nasses Element, das des ersten Erfinders Namen trägt, zu konstruiren. An Stelle von sauerstoffhaltigen Salzen ist ein Metalloxyd, nämlich Mangansuperoxyd zur Depolarisation verwendet, während als Elektrolyt eine verdünnte Salmiaklösung (Chlorammonium) dient. Da der Braunstein nur einen gewissen Theil seines Sauerstoffs für die Depolarisation abgiebt, so ist die Beseitigung des Wasserstoffs (der Polarisation) nicht vollkommen. Das Element kann infolge dessen keinen dauernden Strom liefern und ist nur für unterbrochenen Stromschluss geeignet, wie er für Arbeitsstrom bei der Haustelegraphie und im Telephonbetriebe gebraucht wird.

Das Element eignet sich für diese Zwecke um so mehr, als es lange gebrauchsfähig bleibt und nur wenig Wartung erheischt. Die mittlere Klemmenspannung ist etwa 1,45 Volt und der innere Widerstand ca. 1 Ohm. Ein grosser Uebelstand dieses Elementes ist der, dass sich an beiden Elektroden zufolge der meist angewendeten Salmiaklösung mehrere unlösliche Zinksalze, wie Zinkammoniumchlorid und Zinkoxychlorid, bilden, welche in gewissen Zeitabschnitten von der Kohle und dem Zink abgekratzt werden müssen, da sie in hohem Grade das Element unwirksam machen, weil sie die Leitfähigkeit der Elektroden stark vermindern.

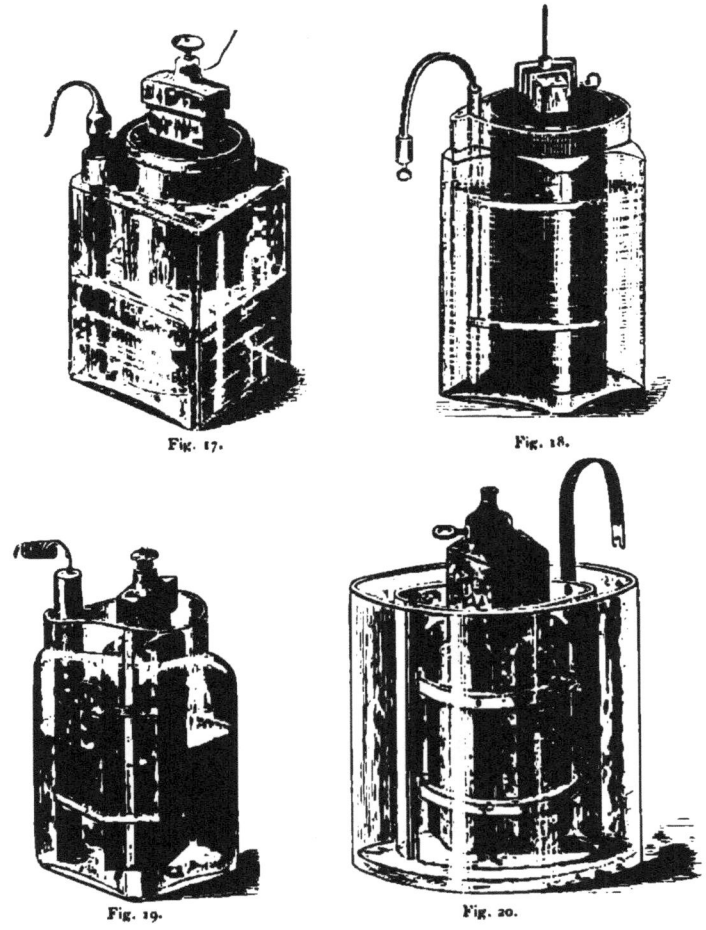

Fig. 17.   Fig. 18.

Fig. 19.   Fig. 20.

Eine grosse Hauptsache ist auch genügender Luftzutritt zur Kohle, da sich hierdurch der Braunstein in der Kohle immer wieder regenerirt. Das Verschliessen solcher nach Leclanché zusammengesetzten nassen oder trockenen Elemente ist also durchaus nicht vortheilhaft, wie es trotzdem von vielen Fabrikanten geschieht.

Wir wollen jetzt die verschiedenen Formen und Abänderungen kennen lernen, in welchen das Leclanché-Element ausgeführt wird. Da der Salmiak ziemlich stark auflösend auf das Zink einwirkt, so war Leclanché gezwungen, die Zinkoberfläche dadurch auf ein Minimum zu beschränken, dass er einen Zinkstab von nur 10 mm Durchmesser anwendet, wodurch natürlich der innere Widerstand dieses Elementes bedeutend erhöht ist, immerhin ist er weit geringer als der des Meidinger-Elementes.

Das Leclanché-Element in seiner ursprünglichen Form hat keinen massiven Braunsteincylinder, sondern ist wie in Fig. 17 zusammengesetzt. In einer Thonzelle steht eine Kohlenplatte, welche von Körnern aus Braunstein und Coaks umgeben ist. Der Zinkstab steht in einer Ausbuchtung im Halse des Glasgefässes. Die Polklemme ist an einem um das obere Ende der Kohlenplatte herumgegossenen Kopf aus Blei befestigt. Später wählte man als Kohlepol einen Braunsteincylinder wie in Fig. 18 oder umgab Kohlenstäbe oder Kohlenplatten mit Braunsteinbriketts wie in den Fig. 19 und 20 mit zwei bis fünf Braunstein enthaltenden Platten, welche mit Gummibändern an der Kohle befestigt wurden.

Andere wieder stellten die Kohlenplatte in einen Leinwandbeutel, der mit Körnern aus Braunstein und Coaks angefüllt und oben um die Kohle festgebunden wurde.

Um das verdunstende Wasser immer wieder selbstthätig zu ersetzen, brachte man wohl auch einen kleinen, umgestülpten Glasballon im Deckel an, ähnlich wie beim Meidinger-Ballon-Element, welcher Wasser enthielt.

Das Leclanché-Barbier-Element

hat einen hohlen Braunsteincylinder, in dessen Mitte (Fig. 21) an einem isolirten Deckel ein Zinkstab hängt, so dass eine sehr gleichmässige Abnutzung des Zinks erreicht wird. Die Kohle hängt mit einem vorspringenden Rande auf dem Rande des Glasgefässes, die Fuge zwischen beiden ist mit einem Gummiring abgedichtet, während der Zinkstab durch einen Gummistopfen geführt ist. Zwar ist durch diese Konstruktion die Verdunstung des Wassers auf ein Minimum beschränkt, es wird je-

Fig. 21.

doch, wie schon erwähnt, behauptet, dass bei Luftzutritt die depolarisirende Wirkung des Braunsteins besser sei bezw. der letztere länger wirksam bleibe.

Das Fleischer-Element.

Um für starke Beanspruchung, wie es der Telegraphenbetrieb erfordert, eine grosse wirksame Oberfläche zu erzielen, hat dieses Element (Fig. 22) eine Standkohle von 170 mm Höhe und 55 mm Durchmesser oben, der sich unten bis zu etwa 80—90 mm erweitert, so dass der Braunsteincylinder im Gefäss frei steht. Im

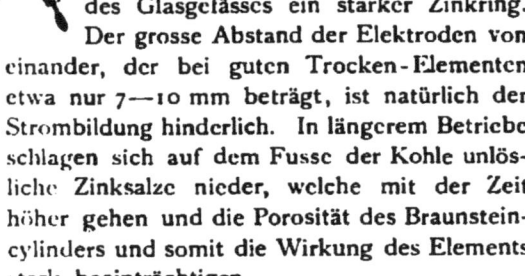

Abstande von etwa 18 mm vom Kohlepol hängt an drei Nasen auf dem Rande des Glasgefässes ein starker Zinkring. Der grosse Abstand der Elektroden von einander, der bei guten Trocken-Elementen etwa nur 7—10 mm beträgt, ist natürlich der Strombildung hinderlich. In längerem Betriebe schlagen sich auf dem Fusse der Kohle unlösliche Zinksalze nieder, welche mit der Zeit höher gehen und die Porosität des Braunsteincylinders und somit die Wirkung des Elements stark beeinträchtigen.

Ein grosser Uebelstand bei allen diesen Elementen war früher die Befestigung der Ableitungsklemme am Kohlepol: Es wollte in keiner Weise gelingen, die Zerstörung der

Fig. 22.

Metallklemme durch aufsteigende Salmiaklösung zu verhindern und einen innigen Kontakt zwischen Kohle und Klemme zu sichern. Neuerdings hat man gelernt, die Kohlen oben derartig mit Paraffin zu tränken, dass kein Aufsteigen des Elektrolyten mehr stattfindet. Die Konstruktion und Anbringung der Polklemme an der Kohle ist sehr wichtig, da ein nicht genügender Kontakt zwischen Klemme und Kohle eventuell Störungen veranlasst oder doch Stromstärke und Spannung bedeutend beeinträchtigen kann, worüber wir später noch eingehend sprechen werden.

Hier wie bei allen anderen Elementen möchte ich darauf verzichten, theoretische Erklärungen über den Vorgang der Strombildung bezw. die bei der Zersetzung des Elektrolyten sich bildenden Produkte zu geben, wie sie in den wenigen, bisher erschienenen Büchern über Primär-Elemente immer wiederkehren, und zwar aus dem einfachen Grunde, weil sie alle falsch bezw. unvollständig sind. — So wie der Vorgang da nämlich dargestellt wird, hat er für die Praxis kaum einen Werth, da in allen bis jetzt bekannt gewordenen chemischen Formeln die sich stets bildenden unlöslichen Zinksalze nicht berücksichtigt sind.

Auch einem anderen, allgemein verbreiteten Irrthum möchte ich hier noch entgegentreten: Es wird so oft von gewissen Elementen behauptet, dass sie umkehrbar bezw. durch Einleiten von Strom regenerirbar wären. Es ist dies auch so ein gelehrtes Märchen, das noch kein Sterblicher verwirklichen konnte, und zwar deshalb nicht, weil man Zink nur unter ganz bestimmten Bedingungen als festes Metall niederschlagen kann und diese Bedingungen in einem Primär-Element kaum jemals vorhanden sein werden. Es ist unglaublich, was den Lernenden da mitunter aufgebunden wird!

Das Braunstein-Element.

Zwei sehr einfache Abänderungen des Leclanché-Elementes sind in den beiden nachstehenden Figuren abgebildet. In einem hohen, glatten Glasgefäss (Fig. 23) steht eine Kohlenplatte mit dem

Fig. 23.

Fig. 24.

unteren Ende in lose auf dem Boden liegenden Braunsteinkörnern, während ein starkes Zinkblech an einem Holzdeckel aufgehängt ist. In Fig. 24 enthält die Kohlenplatte zugleich den Braunstein, so dass die Körner auf dem Boden überflüssig sind. Man findet diese Elemente heute noch vielfach in Häusern zum Betriebe der Corridorglocken. Da der Abstand beider Elektroden 4—6 cm beträgt, so dürfte der innere Widerstand ziemlich gross sein, so dass sie nur geringe Stromstärken abgeben können. Bei Aufstellung einer solchen Batterie in einem kühlen Keller ist sie lange Zeit brauchbar. Das Zink darf natürlich den Braunstein weder am Boden, noch seitlich die Kohle berühren, da bei einem solchen Kurzschluss starker Zinkverbrauch und schliesslich Zerstörung desselben stattfindet.

Da jedermann leicht diese Elemente aus einzeln gekauften Bestandtheilen zusammensetzen kann, wird es von kleinen Installateuren oft bevorzugt.

Der Elektrolyt im Leclanché-Element ist im Allgemeinen eine Lösung von Salmiak (Ammoniumchlorid) in Wasser, an dessen Stelle man auch Chlornatrium, Elektrogen oder Erregesalz anwendet.

Obgleich Salmiak Zink stark auflöst, so ist es vielfach üblich, diesen anzuwenden, weil er anfänglich bessere Wirkung erzielt; wo jedoch die Elemente wenig gebraucht werden und keine Aufsicht vorhanden ist, sollte man die anderen Salze lieber anwenden.

Es ist unglaublich, was in dieser Beziehung geleistet wird. Die meisten Installateure glauben, je mehr Salze sie hineinthun in ein Element, um so besser müsste es wirken. Verfasser fand z. B. Batterien, in deren Elementen der Boden der Gläser einige Centimeter hoch mit Salmiak bedeckt war.

Die beste Leitfähigkeit einer Salmiaklösung liegt etwa bei einem Gehalt von 25% Ammoniumchlorid und sollte man dieses Verhältniss möglichst wenig überschreiten. Man kann auch Zinksulfat oder Chlorzink für den Elektrolyten verwenden, letzteren jedoch nur dann, wenn kein kohlensaures Zink sich ausscheiden kann, was bei Herstellung der Trocken-Elemente erwähnt ist.

Der Braunsteincylinder oder die Brikets für Leclanché-Elemente werden verschieden hergestellt. Nach dem Elektrochemiker-Kalender von Dr. Neuburger verwendet man folgende Mischung:

Braunstein . . . . . 40 Theile,
Kohle . . . . 52 „
Gummilack . . . . . . 5 „
doppeltschwefels. Natron . 3 „

Vorstehende Bestandtheile werden gut gemischt und bei 100° C. unter 300 Atmosphären Druck gepresst.

Nach Carhart-Schoop verwendet man zur Depolarisation:

grobkörnigen Braunstein . 40 Theile,
grobkörnige Retortenkohle 52 ,,
Schellack . . . . . . 5 ,,
Kaliumsulfat . . . . . 3 ,,

Das Glühen der in Formen gepressten Stücke soll etwa 14 Tage und das Abkühlen auch längere Zeit beanspruchen.

Jedenfalls müssen die Kohlen nach dem Erkalten längere Zeit an der Luft liegen, damit der Braunstein den beim Glühen verlorenen Sauerstoff aus der Luft wieder aufnimmt. Ueber die sonstigen Anforderungen an galvanische Kohlen habe ich in einem anderen Abschnitte berichtet.

Das Hydra-Element

enthält wie die Konstruktion von Barbier einen Braunsteincylinder, dessen äusserer und innerer Fläche jedoch eine gemeinsame Zinkelektrode gegenübersteht, welche aus einem Stück so gebogen ist, dass zwei Cylinder von geeignetem Durchmesser (Fig. 25 und 26) durch einen Steg verbunden sind. Oben und unten eingelegte, aus Glas gepresste Isolirstücke halten beide Elektroden konzentrisch zu einander fest, so dass ein einfaches, glattes Glasgefäss genügt. Die Elemente werden in drei verschiedenen

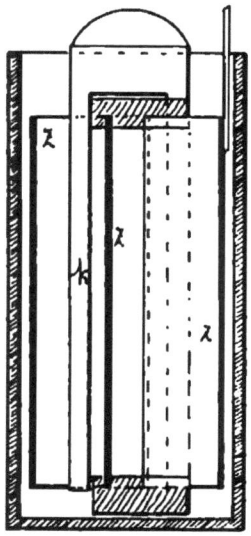

Fig. 25.

Fig. 26.

Grössen bis zu 28 cm Höhe hergestellt und haben eine sehr grosse wirksame Oberfläche.

Auf dem gleichen Prinzip aufgebaut, jedoch viel leistungsfähiger sind

Nasse Elemente mit Braunsteinpressung.

Ein sehr wirksames, nasses Element erhält man, wenn die Kohlenelektrode ähnlich hergestellt ist wie für die sogen. Trocken-Elemente. Zu dieser Art von Elementen gehört das

Gnom-Element von Szubert.

Die depolarisirende Masse, aus Braunstein und Graphit bestehend, ist um einen Kohlenstift herumgepresst und mit Leinwand gut umbunden. Der Zinkring wird isolirt und zentrirt durch drei geschlitzte Fiberstreifen, wie dies Fig. 27 deutlich erkennen lässt. Als Elektrolyt wird entweder reines Wasser aufgegossen, das die im Depolarisator enthaltenen Salze auflöst oder es kann auch eine schwache Salmiaklösung gebraucht werden. Bei Anwendung von Wasser beginnt die volle Stromentwickelung erst nach einigen Stunden.

Fig. 27.

Um das Verdunsten des Wassers zu verhüten, giesst man obenauf etwa 5 mm hoch säurefreies Petroleum oder Paraffinöl. Die Ableitungen der Elektroden sind wie bei Trocken-Elementen eingerichtet. Die Elemente werden in zwei Grössen mit je 60 und 75 Ampèrestunden geliefert, ihr innerer Widerstand beträgt etwa 0,15 Ohm.

Was ein solches nasses Element gegen die bisherigen Elemente nach Leclanché leisten kann, zeigt die Tabelle auf S. 112, in welcher Nr. 1 einen umpressten hohlen Kohlencylinder hatte, so dass innen und aussen ein Zinkring sich befand. Während Nr. 1 am Ende des dritten Tages noch 0,92 Volt hatte, waren die Elemente Nr. 3 und 4 bereits nach 5—6 Stunden unter diese Spannung gesunken. Solche Elemente sind also thatsächlich den Leclanché-Elementen bei weitem vorzuziehen, da sich ihre Theile wie bei diesen gleichfalls auswechseln lassen.

Jedes gute Trocken-Element lässt sich bei entsprechenden Aenderungen zu solch einem nassen Element einrichten. Doch kann es nur eine Fabrik herstellen, der Installateur würde hierbei stets und sicher einen vollen Misserfolg haben, wollte er selbst ohne eingehende Erfahrungen dergleichen Elemente herstellen.

Hydra-Elemente.

Die Hydrawerke bringen zwei verschiedene nasse Elemente in den Handel, welche zufolge ihrer Herstellung und Einrichtung äusserst wirksam sind. Das eine ist analog wie das zuvor beschriebene Element konstruirt, während das andere einen mit Braunstein umpressten hohlen Kohlencylinder und zwei Zinkringe hat, wodurch eine sehr grosse Oberfläche erzielt wird. Die Isoli-

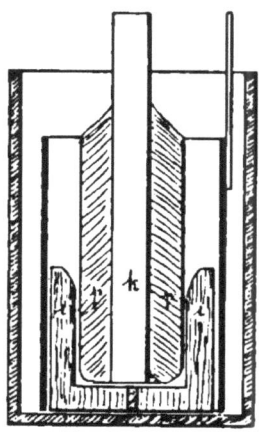

Fig. 28.

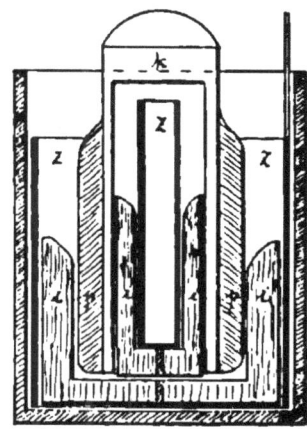

Fig. 29.

rung der Zinkringe geschieht durch eigenthümlich gestaltete Halter aus isolirendem Stoff, wie sie in den beiden vorstehenden Fig. 28 und 29 abgebildet sind.

Es muss hier noch bemerkt werden, dass nasse Elemente obiger Art einen höheren inneren Widerstand haben als Trocken-Elemente und also keine so hohen Stromstärken als die letzteren abgeben können.

Das Reform-Element.

Um grössere Stromstärken einem galvanischen Element entnehmen zu können, ist nicht allein eine bedeutende Oberfläche der Elektroden, sondern auch ein geringer innerer Widerstand erforderlich, der nicht allein von der arbeitenden Oberfläche, sondern auch vom Elektrolyten abhängt. Je näher die Elektrodenflächen verschiedener Polarität einander gegenüberstehen, um so geringer wird der innere Widerstand, vorausgesetzt, dass die Konzentration des Elektrolyten richtig gewählt ist.

Nasse Elemente, welche allen diesen Bedingungen Rechnung tragen, sind bisher wohl kaum bekannt geworden, selbst das Lalande-Hertel-Element hat keine bedeutende Zinkoberfläche und einen grossen Abstand der entgegengesetzten Polflächen.

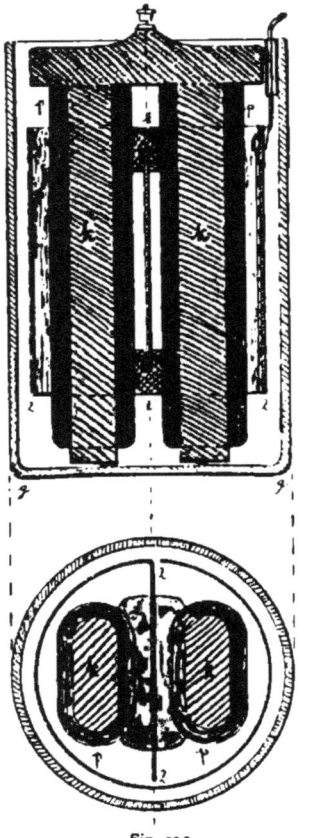

Fig. 29a.

Ein in der Anschaffung und Unterhaltung billiges, einfach zu handhabendes Element ist das Reform-Element,[1]) das eine wesentliche Verbesserung des Leclanché-Elements darstellt. Es hat eine vergrösserte Elektrodenfläche dadurch erhalten, dass man die Kohle in zwei bis vier Theile untertheilt und mit entsprechend geformten Zinkelektroden umgeben hat. Fig. 29a zeigt die Konstruktion eines Elements mit zweitheiliger Kohle in senkrechtem und wagerechtem Schnitt. Die Kohlenplatten k sind in einer gemeinsamen Platte vereinigt, die oben eine Polklemme trägt. Die Umpressung p mit depolarisirender Masse ist in der üblichen Weise mit Leinwand umbunden.

Die Zinkelektrode Z ist mit S förmigem Querschnitt um die Kohlenelektrode k herumgeführt und durch zwei Holzklötze i zwischen den Kohlenplatten unverrückbar befestigt. Als Elektrolyt dient gewöhnlich Chlorammoniumlösung.

Der innere Widerstand dieses Elements von 20 cm Höhe ist im Betriebe 0,05 Ohm, also nur etwa halb so gross als derjenige der besten bekannten Trocken-Elemente, welche offen gemessen 0,10 Ohm haben.

Infolge dessen ist das Element ganz vorzüglich auch für grössere Stromstärken von längerer Dauer geeignet. Es vereinigt die Vorzüge des Lalande-Elements ohne dessen Nachtheile und

---

1) Dessen Fabrikation von der Reform-Element-Elektricitäts-Gesellschaft in Berlin C. betrieben wird, die in allen Kulturstaaten die Konstruktion geschützt hat.

ist viel billiger als dieses, sowohl in der Herstellung als auch in der Unterhaltung. Das Füllen des Lalande-Elements mit Aetzkalilösung ist umständlicher als die Herstellung einer Salmiaklösung. Aetzkali lässt sich auch nicht so einfach verschicken als das Chlorammonium, für dessen Verpackung eine Papierhülse genügt, während das sehr hygroskopische Aetzkali ein gut verschlossenes Gefäss verlangt.

Man wird also das Reform-Element ausser für gewöhnliche telegraphische Zwecke besonders vortheilhaft auch für Nachtlampen und für Treppenbeleuchtung gebrauchen können, für welche Zwecke man bislang mit sehr wenig Erfolg die gewöhnlichen Leclanché-Elemente verwendet hat.

Messungen des Herrn Prof. Dr. Fr. Vogel ergaben bei:

1,3 Ampère 1,50 Volt,
6,3 „ 1,30 „
12,1 „ 1,00 „

während damit verglichene beste Trocken-Elemente anderer Herkunft folgende Daten aufwiesen bei:

0 Ampère 1,50 Volt
2,2 „ 1,30 „
5,5 „ 1,00 „

Bei Kurzschluss zeigte das Reform-Element 25 Ampère, andere Elemente höchstens 15 Ampère.

Vom Verfasser gemachte Versuche ergaben anfangs 1,10 Amp: und 1,48 Volt bei ununterbrochener Entladung, nach 12 Stunden 0,7 Amp. bei 1,07 Volt und nach 20 Stunden 0,65 Amp. bei 1,01 Volt — also wohl die höchste bis jetzt von Elementen dieser Art erzielte Leistung.[1])

Neuerdings wurden Verfasser auch einige Trocken-Elemente nach Art des vorstehend beschriebenen nassen Reform-Elementes vorgelegt, welche bei 130 mm Höhe und 70 mm äusserem Durchmesser 11—13 Ampère bei Kurzschluss zeigten, während andere Trocken-Elemente gleicher Grösse höchstens 5—6 Ampère ergaben. Es ist also thatsächlich gelungen, durch eine einfache Konstruktion den inneren Widerstand der Elemente ganz bedeutend zu verringern.

---

1) Für nasse Elemente wird neuerdings an Stelle von Salmiak Salmiak-Calcidum empfohlen, worüber später berichtet ist.

b) Trockene Elemente.
Das Galvanophor.

Wenn auch das Galvanophor von C. Vogt bezw. S. Szubert nicht „das erste" Trocken-Element war, so war es doch seiner Zeit das erste in Bezug auf eine damals (etwa im Jahre 1893) bei Trocken-Elementen noch nicht gekannte Leistungsfähigkeit und Einfachheit, es ist infolge dessen für unsere heutigen Trocken-Elemente ein maassgebendes Vorbild geworden, so dass es jetzt vielfach mit mehr oder weniger Erfolg nachgeahmt wird. Fig. 30 giebt einen Querschnitt des Elements, und zwar eines solchen mit Zinkbecher, wie es für Messbatterien gefertigt wird.

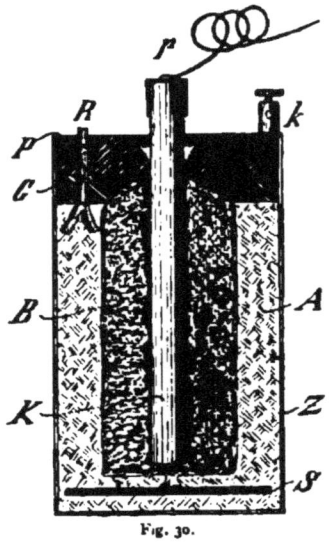

Fig. 30.

In dem Zinkbecher Z liegt auf dem Boden die paraffinirte Papierscheibe S. Der Kohlenstift K ist mit der depolarisirenden Masse B, welche aus Braunstein und Graphit besteht, umpresst. Der Zwischenraum zwischen beiden Elektroden ist mit Sägemehl ausgefüllt, das mit dem Elektrolyten angefeuchtet ist. Oben ist das Gefäss mit einer weichen Pechschicht G und einer harten P verschlossen. Die Gase entweichen durch das Rohr R. Auf den Kohlenstift ist oben eine federnde Messingkappe p aufgeschoben, während am Zinkpol die Klemme k angelöthet ist. Das später beschriebene Etoile-Element ist nach den gleichen Prinzipien konstruirt. Für die meisten Zwecke wird das Galvanophor in schwarzen Gläsern in vier verschiedenen Grössen geliefert; die Kapazität derselben ist in der Tabelle S. 78 im Abschnitt über die Auswahl galvanischer Elemente angegeben.

Man müsste das Galvanophor eigentlich als nasses Element bezeichnen, da es selbst Wasser von neuem bildet bezw. Feuchtigkeit aus der Luft aufnimmt, weil als Elektrolyt das stark hygroskopische Chlorzink bei demselben verwendet wird. Trotzdem seit Jahren die Einrichtung und Beschaffenheit dieses Elements bekannt ist, haben die mehrfachen Nachahmungen eine gleiche Qualität kaum erreichen können.

Der bekannte Vorgang, dass Chlor in Gegenwart von Wasserstoff und Metalloxyden im Dunkeln keine Salzsäure bildet, sondern dass es den Sauerstoff substituirt und dieser im Moment des Freiwerdens mit dem die Polarisation hervorrufenden Wasserstoff sich zu Wasser verbindet, wird in diesem Element, wie neuerdings in zahlreichen anderen, zu einer höchst wirksamen Depolarisation benützt.

Das E. C. C.-Element nach Warren.

Ist in England viel in Gebrauch. Die meistens verwendete Type hat einen Zinkcylinder von 150 mm Höhe und 65 mm äusserem Durchmesser, der in einer Papphülse steckt. Eine Kohlenplatte von 163 mm Länge und 30 × 10 mm Querschnitt ist auf 125 mm ihrer Länge mit einem Gemisch von Coakspulver und Braunstein (vielleicht auch etwas sehr schlechtem Graphit) rund umpresst. Zwischen diesem Depolarisator und dem Zinkbecher befindet sich eine weiche Gypspaste, dieselbe enthält kein Chlorammonium.[1])

Ueber der Paste liegt eine Schicht Baumwolle. Oben ist das Gefäss mit einer zähen, weichen Harzmasse vergossen. Die Leistungen des Elements entsprechen der höchst mangelhaften Konstruktion und der geringen Qualität der in demselben verwendeten Stoffe. Die Konstruktion giebt ein Beispiel, wie man Trocken-Elemente nicht herstellen soll.

Das Hellesen-Element.[2])

Die Type 1 enthält einen Kohlenstift von 25 mm Durchmesser und 145 mm Länge (ohne Messingkappe); derselbe ist mit schwarzer depolarisirender Masse umpresst. Der Zinkbecher hat 155 mm Höhe. Der etwa 10 mm weite Raum zwischen den Elektroden ist mit ziemlich harter, trockener Gypspaste ausgefüllt, welche Chlorammonium zu enthalten scheint.

Fig. 31.

---

1) Der Elektrochemiker-Kalender von Dr. Neuburger, 1897, S. 497 bringt eine genaue Beschreibung dieses Elements, die jedoch mit den vom Verfasser untersuchten Exemplaren nicht übereinstimmt.

2) Die neuerdings von Siemens & Halske nach dem Patent Hellesen hergestellten Elemente entsprechen nicht der Beschreibung in Dr. Neuburgers Elektrochemiker-Kalender, 1897, S. 498.

Das runde Zinkgefäss hat am oberen Rande einige Löcher nach dem D. R.-Pat. Nr. 48448 vom 2. 11. 88 von W. Hellesen in Kopenhagen. Es steckt in einer viereckigen Papphülse, in welcher die frei bleibenden Ecken mit Sägespänen ausgefüllt sind, wie dies in Fig. 31 im Querschnitt dargestellt ist. Die Leistungen dieser Elemente gehören mit zu denen besserer Fabrikate. Die Entgasung geschieht durch Glasröhrchen im Verguss, wie auch durch die oben erwähnten Löcher im Zinkbehälter.

Das Hydra-Element.[1])

Zur Erzielung einer möglichst grossen Elektrodenoberfläche und behufs Ausnützung des inneren Raumes der Gefässe haben die Hydrawerke eine eigenartige Konstruktion gewählt, die wir nachstehend näher kennen lernen wollen.

Die Elemente dieser Art werden sowohl als trockene wie auch als nasse geliefert und auch als Doppelelemente mit 3 Volt Klemmenspannung hergestellt. Betrachten wir zunächst das Trocken-Element, welches im Durchschnitt in Fig. 32 abgebildet ist.

Der Kohlepol wird aus einem möglichst porösen, aber festen Kohlencylinder gebildet, der oben einen starken Boden und Kohlenbügel hat, an welchem die messingene Polklemme mit einer Mutter angeschraubt ist (s. Fig. 46 S. 53). Dieser so gestaltete Cylinder ist zum grössten Theile seiner Länge aussen mit einer Braunsteinpressung versehen, welche mit einem Leinwandstreifen umbunden ist. Auch der innere Hohlraum enthält depolarisirende Masse. Die Zinkelektrode besteht aus zwei geschlitzten Zinkblechcylindern, von denen der eine im Innern des Kohlencylinders sich befindet, während der andere die Pressung aussen umgiebt. Unten sind beide Zinkcylinder mit einem gut isolirten Bleistreifen durch Löthen metallisch verbunden, an dem äusseren Zinkcylinder führt ein angelötheter Bleistreifen nach aussen. Für die Abführung der Gase dient das bekannte kleine Bleirohr, mit feinem Schlitz oben über dem Pechverguss. Als Gefäss für diese Elemente dienen schwarze Gläser oder Weissblechbecher, die innen mit Harz isolirt und aussen mit Kaliko beklebt sind. Auf dem Boden des Gefässes befindet sich zunächst ein Polster aus Sägespänen, der übrige Hohlraum zwischen den Elektroden ist mit einer hygroskopischen Gypspaste ausgefüllt, die bis zur Höhe der Zinkelektroden reicht. Darüber

---

1) Gefertigt von Krayn & König, Berlin.

liegt eine Schicht Sägespäne, auf welche der Pechabschluss aufgegossen ist.

Die Anwendung der Gypspaste ist insofern von grossem Vortheil, als hierdurch thatsächlich ein Element geschaffen wird, bei dem in keiner Lage Elektrolyt austreten kann, weil derselbe in feinster Vertheilung in dem Gypsbrei enthalten ist, welcher eine

Fig. 32.

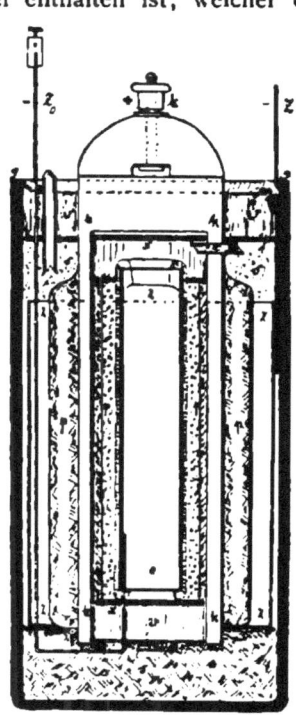

Fig. 33.

gallertartige Konsistenz hat und bei richtiger Zusammensetzung weder wesentlich eintrocknet noch Flüssigkeit abgiebt. Die Anwendung von Gypspaste finden wir übrigens auch noch bei einigen anderen Trocken-Elementen, wie z. B. bei denen von Dr. Gassner und Hellesen.

Element mit zwei Zinkpolen.

Bei den Telephon-Abonnenten hat man gewöhnlich zwei Elemente in Gebrauch, von denen das eine für den Betrieb des Mikrophons, das andere für die Kontrolle des Vermittelungsamtes dient. Um das letztere Element zu ersparen, wird das Hydra-Element auch so eingerichtet wie in Fig. 33. Die untere Verbindung zwischen den beiden Zinkcylindern ist hier fortgelassen und der innere Zinkcylinder durch einen langen, isolirten Bleistreifen gleichfalls wie der grosse Zinkring nach aussen abgeleitet.

Lager- oder Füll-Element.

Es ist unter Umständen erwünscht, Elemente längere Zeit zu lagern und erst im Gebrauchsfalle mit Elektrolyt zu füllen, wie

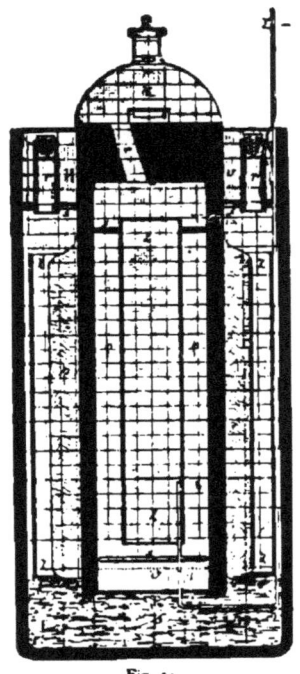

Fig. 34.

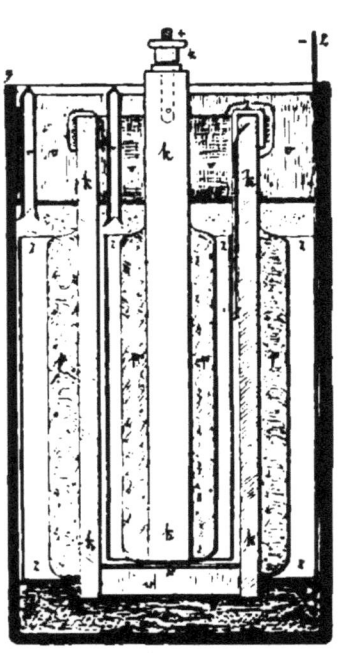

Fig. 35.

dies für militärische Zwecke oder für überseeischen Transport mitunter erforderlich wird.

Für diese Zwecke erhält das Element oben im Pechverguss (Fig. 34) zwei durch Stopfen verschliessbare Oeffnungen und die Kohle eine Oeffnung, durch welche mit Hülfe einer Pipette, Spritze oder dergl. der Elektrolyt eingefüllt werden kann. Der Raum zwischen den Elektroden bleibt bei solchen Elementen entweder leer oder er wird mit Sägemehl lose ausgefüllt. Die zum Elektrolyten erforderlichen Salze können eventuell gleich im Element enthalten sein, so dass man nur Wasser einzugiessen hat.

Doppel-Element.

Wo man eine höhere Spannung braucht, jedoch nur ein Element anwenden will, kann ein Doppel-Element mit 3 Volt Spannung Verwendung finden. Dasselbe enthält in einem gemeinsamen Gefäss (Fig. 35) einen oben offenen Kohlencylinder, welcher aussen mit Braunstein umpresst ist. Die Innenwand des Kohlencylinders ist durch einen Pech- oder Paraffinüberzug gut isolirt, an den sich ein Zinkcylinder anlegt, während ein zweiter Zinkcylinder aussen im Gefäss des Elements steht. In dem engeren Zinkcylinder steht ein mit Braunstein umpresster Kohlenstift.

Der innere Zinkcylinder ist durch einen Bleistreifen mit dem Kohlencylinder gut metallisch verbunden. Auf diese Weise sind zwei Elemente hintereinander geschaltet, von denen nur der innere Kohlepol und der äussere Zinkpol nach aussen abgeleitet sind, wie dies auch Fig. 35 deutlich erkennen lässt. In seiner sonstigen Einrichtung unterscheidet sich dies Doppel-Element nicht von den einfachen Elementen.

Die Anfangsspannung eines solchen offenen Elements ist ca. 3,15 Volt, der innere Widerstand etwa 0,3 Ohm. Die Elemente werden in zwei Typen geliefert von 2,7 bezw. 2 kg Gewicht und 145 bezw. 100 mm Höhe.

Columbus-Trocken-Element.

Diese Konstruktion bezweckt ein verschlossenes, nasses Element zu schaffen, bei dem die Gase frei austreten, der flüssige Elektrolyt jedoch nicht entweichen kann.[1]

Der Abschluss, welcher diesen Zweck erreichen soll, enthält einen geölten Filzdeckel mit einem Hohlraum darüber, der oben durch Vergussmasse verschlossen ist, in welchem sich ein Entgasungsrohr befindet. Der geölte Filz hat zwar die Eigenschaft, wässerige Flüssigkeiten abzustossen, sobald jedoch die geringste Gasentwickelung sich bildet, und das Element z. B. beim Transport in ungünstiger Stellung sich befindet, wird nicht allein Elektrolyt durch den Filz hindurch austreten, sondern auch zwischen den

---

[1] Hergestellt von der Elektricitätsgesellschaft „Columbus" zu Ludwigshafen a. Rh.

Gefässwänden und dem Filzdeckel event. hindurchgepresst werden, da es nicht möglich sein dürfte, an den Gefässwänden einen absolut dichten Abschluss mit dem Filz zu erzielen. So lange der Filzdeckel jedoch noch nicht völlig vom Elektrolyten bedeckt ist, also in stehender oder liegender Stellung des Elements, dürfte der Verschluss sicher funktioniren.

Französische Elemente.

Für viele Zwecke vorzügliche Elemente sind die beiden nachstehend beschriebenen Fabrikate.

Element Etoile.

Von der bekannten Gesellschaft Le Carbone, welche elektrische Kohlen aller Art erzeugt, werden galvanische Elemente analog den Vogtschen Galvanophoren hergestellt, die jedoch in konstruktiver Beziehung einige interessante Abweichungen zeigen. Für dauernde, unterbrochene Beanspruchung mit schwachen Strömen, wie die Haustelegraphie oder die Telephonie sie erfordert, sind diese Elemente ganz vorzüglich; ihre Konstruktion ist sehr korrekt und will ich sie daher nachstehend eingehend beschreiben.

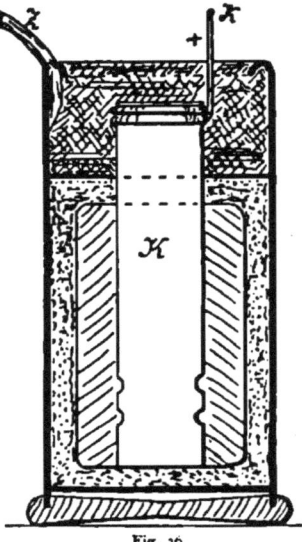

Fig. 36.

Type	C. B.	C. A.
Gewicht	1,32 kg	2 kg
Höhe	158 mm	185 mm
Durchmesser	75 „	85 „
Stromstärke bei Kurzschluss	4 A.	5 A.

Wie die Fig. 36 erkennen lässt, ist das Gefäss zugleich der Zinkpol. Der obere Rand des Gefässes, das aus 1 mm starkem Zinkblech besteht, ist oben stark umgebogen, so dass der Pechverguss, welcher den Abschluss des Elements bildet, sehr gut festgehalten wird. Der Boden ist etwa 5 mm vom unteren Rande des Zinkbechers eingelöthet und mit einem zweiten, hölzernen Boden gut isolirt. Da der letztere einen etwas grösseren Durchmesser als der Zinkbecher hat, so isolirt er nicht allein die Elemente gegen Erde, sondern auch gegeneinander. Um jedoch in jedem Falle eine sichere Isolation des ganzen Zinkbechers zu erreichen, ist derselbe mit starkem Kaliko beklebt.

Im übrigen ist das Etoile-Element ganz analog dem Galvanophor Vogt (Fig. 30) eingerichtet, der Kohlenstift, welcher als Ableitung aus der Braunsteinpressung dient, ist jedoch stärker und hat an der Seite einige Einkerbungen, so dass er in der Pressung sich nicht verschieben kann. Ueber die Leistung dieser Elemente habe ich an anderer Stelle berichtet. Die Braunsteinpressung der Type C. B. hat 158,25 qcm Oberfläche, die arbeitende, gegenüberstehende Zinkfläche ist 229 qcm gross. Als Elektrolyt scheint Chlorzinklösung zu dienen, welche in Sägespänen suspendirt ist. Die Fabrikmarke zeigt einen fünfzackigen Stern, in dessen Strahlen ein C geschlungen ist. Die Fabrik liefert auch Elemente in Behältern aus Eichenholz.

Pile Bloc.

Eine ganz eigenartige Konstruktion, welche von allen bisher bekannt gewordenen Elementen abweicht, hat das Bloc-Element, dessen Aeusseres schon einen ungewöhnlichen Anblick gewährt. Das Gefäss besteht nämlich aus einem starken Eichenholzkasten mit zwei messingenen Polklemmen auf der einen Endfläche, der etwa die Grösse einer Cigarrenkiste hat.

Type D.

Gewicht	2,50 kg
Höhe	185 mm
Breite	122 ,,
Stärke	90 ,,
Holzstärke des Kastens	7 ,,

Der Kasten ist aus paraffinirtem Eichenholz in solidester Weise zusammengefügt. Die eine Breitseite bildet einen mit zehn Schrauben befestigten Deckel.

In der Mitte des Kastens ist vermittelst einer Polklemme eine Kohlenplatte wie in der Fig. 37 befestigt, welche ringsum durch etwa 3—4 mm grosse Braunsteinkörner umgeben ist, welche auch den grössten Theil des Kastens einnehmen. Die Kohlenplatte ist 150 mm lang, 31 mm breit und 7 mm stark. Am oberen Ende hat sie beiderseits eine halbrunde Verstärkung, in welche der Schraubenstift für die Polklemme eingepresst und eingebrannt ist. Am Boden und unter dem Deckel liegen 1 mm starke Zinkplatten von 140 × 91 mm Grösse, so dass die beiden nach innen gekehrten, an der Elektrolyse theilnehmenden Zinkflächen 2 × 127,4 = 254,8 qcm Oberfläche haben. Die inneren Zinkflächen sind mit einem braunen Pulver, anscheinend Torfmull, 3 mm hoch bedeckt. Ueber den Zinkplatten befinden sich 2,5 mm starke Brettchen, welche von mehreren starken, flachen Stahlfedern stark gegen die Zinkelektroden gedrückt werden, so dass ein inniger Kontakt zwischen diesen bezw. dem Torfmull und den Braunsteinkörnern erzeugt wird. Die dünne Torfmullschicht über den Zinkplatten hat offenbar nur die Funktion eines Diaphragmas, da ohne dieselbe das Zink mit dem Braunstein in direkte Berührung käme, was natürlich vermieden werden muss. (Für schwache, unterbrochene Ströme soll das Element ca. 5 Jahre betriebsfähig sein.)

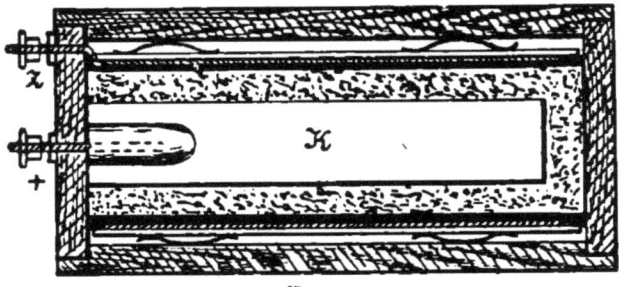

Fig. 37.

Eine besondere Vorrichtung zur Abführung der Gase wie bei anderen Trocken-Elementen ist nicht vorhanden, es scheint, als ob für das Entweichen derselben die Oeffnung für die Polklemme der Kohlenplatte genügt; die Schraube dieses Pols ist nämlich ohne besondere Abdichtung durch das Holz geführt.

Die Leistungen dieses Elements sind an anderer Stelle des Werkes erörtert. Als Elektrolyt scheint eine Lösung von Chlorammonium zu dienen. Die Elemente werden in sechs verschiedenen Grössen von 180 bis 300 mm Höhe, 120 × 60 bis 200 × 110 mm Seitenfläche geliefert; sie sind jedoch im Verhältniss zu deutschen Preisen sehr theuer.

Aeltere Konstruktionen.

Die nachstehend beschriebenen Elemente sind in den 90er Jahren viel gebraucht worden; ihre Konstruktion entspricht jedoch nicht mehr den Anforderungen, welche man heute an gute Trocken-

Elemente stellt.[1]) Die Elemente haben eine mangelhafte Anordnung des Depolarisators und leiden infolge dessen an „Uebergasung", d. h. sie depolarisiren schlecht bezw. zu langsam, so dass die starke Polarisation eine gute Strombildung verhindert; sie konnten also nur mit grossen Pausen stärker beansprucht werden und wirkten dann allerdings lange Zeit zufriedenstellend, oder man durfte nur schwache Ströme denselben entnehmen. Sie sind insofern sehr lehrreich, als sie zeigen, wie man Elemente nicht konstruiren soll.

Das Element Fig. 38 enthält in einem Zinkbecher einen hohlen Kohlencylinder, welcher innen mit Körnern von Braunstein und

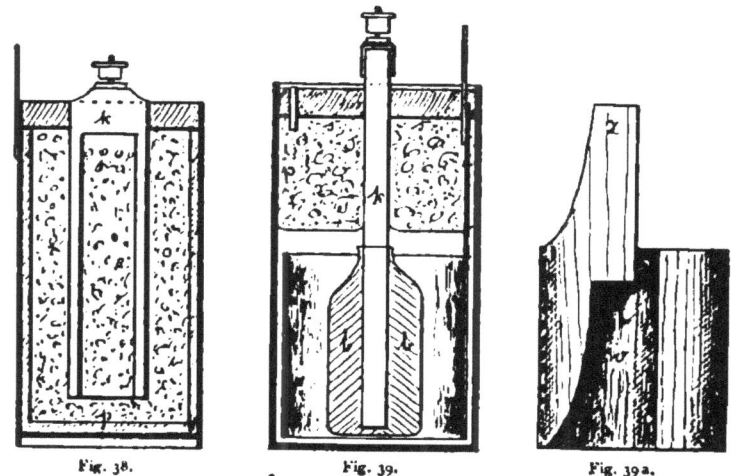

Fig. 38.   Fig. 39.   Fig. 39a.

Coaks angefüllt ist.[2]) Die Zinkelektrode ist auf der Innenseite mit einer Papphülse und Leinwand bekleidet. Der Raum zwischen Kohle und Zink ist im übrigen gleichfalls mit Braunsteinkörnern ausgefüllt. Als Elektrolyt diente Salmiaklösung. Die Spannung des offenen Elements beträgt 1,52 Volt, es giebt bei Kurzschluss 7,5 Ampere. Der Zinkbecher ist 130 mm hoch und hat 65 mm Durchmesser. Bei ruhigem Stehen in offenem Stromkreise sank die Spannung in 60 Tagen bis auf 1,49 Volt. Beim Entladen auf

---

1) Die Patente und Gebrauchsmuster zeigen fortlaufend, mit wie wenig Sachkenntniss auf vielen Gebieten gearbeitet wird, wie wenig Kenntnisse der Entwickelungsgeschichte vieler Erfindungen bezw. Konstruktionen bei deren Urhebern vorhanden sind und wie viel Zeit, Geld und Arbeitskraft verschwendet wird durch „Nacherfinden" längst verlassener Modifikationen.

2) s. D. R.-Patent Nr. 58551.

5 Ohm Widerstand war die Anfangsspannung 1,31 Volt, dieselbe sank in 8 Stunden bereits auf 0,70 Volt.

Obgleich Spannung und Stromstärke so schnell herabgehen, hatte sich das Element schon nach einer Stunde wieder auf 1,12 Volt erholt. Die rasche Polarisation resultirt offenbar daraus, dass die Braunsteinkörner im Innern des Hohlcylinders gar nicht zur Wirkung kommen, weil die Elektrolyse nur aussen zwischen Zink und Kohle stattfindet und hier zahlreiche Hohlräume zwischen den Körnern des Depolisators vorhanden sind. —

Bedeutend besser wirkt das Element Fig. 39. Der Zinkring Fig. 39a steht in einem Pappebecher von 135 mm Höhe und 75 mm Durchmesser. Das Gewicht des Elements betrug 0,79 kg.

Der Kohlepol besteht aus einer Kohlenplatte von 140 mm Länge und 50×10 mm Querschnitt, deren untere Hälfte an den beiden Breitseiten mit 95 g schlechtem Graphit und Braunstein bedeckt war. Der Raum unten zwischen den beiden Elektroden war mit einer Lösung von Traganthschleim und Salmiak ausgefüllt, der jedoch schon stark zusammengetrocknet war. Die ganze obere Hälfte des Gefässes wurde von Hobelspänen, Sägemehl und dem Verguss aus Schwefel eingenommen. Der Elektrolyt enthielt bereits fein vertheilt etwas Kohle- oder Graphitstaub und hatte infolge dessen ein grauschwarzes Aussehen. Die Spannung des Elements sank beim Entladen mit 5 Ohm in 48 Stunden von 1,6 Volt auf 0,65 Volt. Es erholte sich in einigen Tagen wieder bis auf 1,3 Volt.

Die Breitseite der Kohlenelektrode stand der grossen Lücke im Zinkring gegenüber, so dass hauptsächlich nur die eine Seite des an sich schon kleinen Depolarisators zur Wirkung kommen konnte, besonders auch, da die schmalen Seiten der Kohlenplatte mit Braunstein nicht versehen waren.

Eine bessere Konstruktion zeigt Fig. 40. In einem innen schwarz lackirten Glase mit einer Oeffnung im Boden, die durch einen Korkstöpsel verschlossen war, steht ein 68 mm hoher Zinkcylinder. Der 130 mm lange Kohlenstift ist unten auf 60 mm Höhe mit Braunsteinpressung versehen. Zwischen den Elektroden befand sich nur wenig feuchte, ziemlich hart gewordene Infusorienerde, vielleicht auch mit etwas Thonerde vermischt. Darüber befand sich eine weiche feuchte Schicht aus Gyps, auf welche Sägemehl in Höhe von 30 mm folgte, das durch einen Harzverguss abgeschlossen wurde.

Die über den Elektroden befindliche Gypspaste hatte offenbar dem Elektrolyten fast alle Feuchtigkeit entzogen.

Das Glasgefäss ist 160 mm hoch und hat 90 mm Durchmesser, Gewicht des Elements 1,6 kg. Die depolarisirende Masse wog 240 g. Das Element gehörte s. Z. mit zu den besseren Fabrikaten. Die Oeffnung im Boden sollte Nachfüllen von Wasser gestatten und war zu diesem Zweck auf dem Boden des Gefässes etwas Bast angebracht. Bei der Härte der Infusorienerde wäre es jedoch kaum möglich gewesen, eine genügende Menge Wasser einzufüllen, auch würde diese Arbeit sehr zeitraubend gewesen sein. Die Untersuchung des Elements hatte nur drei Tage gedauert, trotzdem war der Zinkring innen und aussen stark angegriffen und mit feinen Salmiakkrystallen bedeckt.

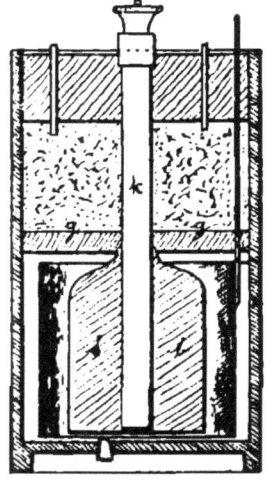

Fig. 40.

Die über dem fast trockenen Elektrolyten befindliche feuchte Gypsschicht verursachte wahrscheinlich einen permanenten Stromschluss von grösserem Widerstande. Die Anfangsspannung des Elements war offen 1,6 Volt. Nach der Untersuchung blieb es ein Jahr in Ruhe und zeigte dann nur noch 0,7 Volt, die Regeneration war also sehr mangelhaft.[1]

Eine ganz besondere Klasse von galvanischen Elementen bilden:

4. Die Normal-Elemente.

Zum Aichen von Messinstrumenten hat man ganz besondere galvanische Elemente konstruirt, sogen. Normal-Elemente, deren Spannung bei minimaler Beanspruchung auf lange Zeit hinaus konstant bleibt und deren Verhalten bei Aenderung der Temperatur genau bekannt ist.[2] Man kann z. B. mit der Kompensationsmethode Stromstärken von 0,0001 — 1000 Ampère und Spannungen von 0,014 — 1400 Volt unter Anwendung eines solchen Normal-

---

[1] Die vorstehend gemachten Angaben entstammen eigenen, sehr eingehenden Untersuchungen des Verfassers.

[2] Ueber das Messen mit Normal-Elementen findet man genaue Angaben in: Carhart-Schoop, S. 107. Halle 1895, sowie die Kompensationsmethode in Dr. Streckers Handbuch.

Elements messen, so dass die Methode allgemein zum Aichen von elektrischen Messinstrumenten angewendet wird.

Es sind dergleichen Elemente gefertigt worden von Clark, Carhart, Flemming, Gony, Lord Rayleigh, Weston, auch hat die englische Postverwaltung ein Normal-Daniell-Element.[1])

Die elektromotorische Kraft der Normal-Elemente ist:

Clark	1,434	legal. Volt	$-0{,}001$ (A-15),
Weston	1,019	,, ,,	zwischen $5-60°$ C.,
Flemming	1,072	,, ,,	bei mittleren Temperaturen,
Gony	1,390	,, ,,	$-0{,}0002$ (A-72).

Die Angaben hinter der Voltzahl geben Aenderungen für verschiedene Temperaturen an. Beim Weston-Element betragen diese Aenderungen in der Nähe von $20°$ C. nur 0,00004 Volt pro Grad, so dass sie für praktische Zwecke vollkommen vernachlässigt werden können. Die Aenderungen beim Clark-Element sind etwa 23 mal grösser als beim Weston-Element.

Gesetzlich beglaubigte Normal-Elemente mit Thermometer sind jetzt sowohl von einigen Firmen als auch von der Physik.-Techn. Reichsanstalt zu Charlottenburg zu beziehen.

Es sind auch Elemente nach Helmholtz mit Calomel und von Baille und Féry mit Chlorblei vorgeschlagen worden, doch haben sich dieselben nicht allgemein eingeführt. Als richtig beglaubigt werden nur die Normal-Elemente nach Clark-Feussner und nach Weston.

Westons Normal-Cadmium-Element.

Das Element ist analog dem Clark-Element[2]) zusammengesetzt, statt der Zinkelektrode ist jedoch eine solche aus Cadmium verwendet, wodurch die Aenderungen der Spannung bei verschiedenen Temperaturen etwa um das Zwanzigfache geringer sind als beim Clark-Element. Untersuchungen, welche hierüber angestellt wurden,[3]) haben ergeben, dass die elektromotorische Kraft des Weston-Elements bei $20°$ C.

$$E_{20} = 1{,}0190 \text{ Volt ist,}$$

---

[1]) Ausführliche Angaben über Normal-Elemente findet man in Carhart-Schoop, Dr. Neuburgers Elektrochemiker-Kalender, sowie in Dr. Streckers Handbuch.

[2]) Beschrieben in Ayrton-Krieg, Handbuch der praktischen Elektricität. Jena 1889. S. 460.

[3]) s. Arbeit von Ph. Kohnstamm und Cohen in Wiedem. Ann. 1899. Bd. 65. S. 344.

und bei irgend einer anderen Temperatur A^0 C. ist

$$E_t = E_{20} - 3{,}8 \times 10^{-5}(t-20),$$

woraus sich der Temperatur-Koeffizient bei t^0 C. ergiebt

$$\frac{dE}{dt} = -3{,}8 \times 10^{-5} - 0{,}130 \times 10^{-5}(t-20),$$

welcher jedoch nur zwischen $15-25^0$ C. Gültigkeit hat. War das Element unter 15^0 abgekühlt, so muss es einige Stunden vor dem Gebrauch auf 15^0 C. erwärmt werden. Unter 15^0 C. ist die E.M.K. etwa $^1/_{1000}$ Volt grösser als bei einer anderen Temperatur über $15-25^0$ C.

Normal-Daniell-Element.

Die von Dr. Flemming angegebene Form, welche in dem Buch von Ayrton-Krieg beschrieben ist, war schwierig herzustellen und kam daher nicht allgemein in Gebrauch. Da das

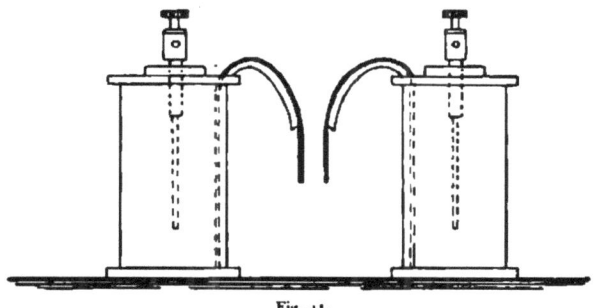

Fig. 41.

Daniell-Element jedoch bei einiger Inanspruchnahme nicht wie das Clark- oder Weston-Element stark polarisirt, so ist für viele Zwecke ein einfaches Daniell-Element, wie es Professor Grotrian beschreibt,[1]) zu empfehlen. Wenn auch dieses Element nicht so konstant ist als die Elemente von Clark oder Weston, so hat es jedoch ausserdem noch den Vorzug, dass es jedermann sich selbst leicht anfertigen kann. Es soll daher die einfachste Form dieses Elements nachstehend genauer beschrieben werden.

Die Elektroden sind in zwei cylindrischen, getrennten Gefässen wie in Fig. 41 untergebracht. Das Zinkblech besteht aus chemisch reinem Zink in einer Zinkvitriollösung von 1,20 spez. Gewicht. Die Kupferplatte ist zuvor mit einem chemisch reinen

---

1) Elektrotechnische Zeitschrift 1898. S. 561.

Kupferniederschlag versehen und steht in reiner Kupfervitriollösung von 1,10 spez. Gewicht. Die leitende Verbindung zwischen den beiden Gefässen ist in folgender Weise hergestellt: In jedem Gefäss steht seitwärts ein gebogener Milchglasstreifen, über welchen beim Zinkvitriol fünf Streifen, beim Kupfervitriol zwei Streifen Fliesspapier gelegt sind, so dass die Flüssigkeit bei beiden abtropft. Beim Gebrauch des Elements werden beide Gefässe derart einander genähert, dass die Fliesspapierstreifen aneinander haften.

Ein Vergleich der elektromotorischen Kraft dieses Elements mit zwei beglaubigten Clark-Elementen ergab bei $22,5 - 22,6^{\circ}$ C. eine mittlere Spannung von 1,100 Volt. Aus weiteren Vergleichungen wurde die für Messungen zu benutzende mittlere Spannung auf 1,101 Volt gefunden.

Da das Element ausserdem einen inneren Widerstand von mehreren Tausend Ohm hat, so schadet ein gelegentlicher Kurzschluss demselben nicht, wie dies auch beim Flemming-Element der Fall ist.

Da die E. M. K. des Elements mit der Zeit zunimmt, so müssen die Elektroden immer wieder neu präparirt werden. Das Zink wird sehr sorgfältig spiegelnd amalgamirt und die Kupferplatte wiederholt verkupfert.

Ueber den Gebrauch der Normal-Elemente zum Aichen oder Messen geben verschiedene Werke ausführliche Anleitung, wie z. B. die von Ayrton-Krieg, Carhart-Schoop und Dr. Streckers Handbuch.

Zum Schluss dieses Abschnittes über die Konstruktion der Elemente mögen noch einige Einzelheiten der

5. Ableitung an Kohlen-Elektroden

folgen. Die Anbringung der Polklemmen an der Kohle bezw. die Befestigung des Ableitungsdrahtes oder die Gestalt des Kopfes an den Kohlen wird sehr verschieden ausgeführt, es mögen daher die gebräuchlichsten Konstruktionen für diesen Zweck hier folgen, wie sie z. B. die Fabrik von C. Conradty liefert. Bei Fig. 42 und Fig. 43 ist eine Schraubenspindel mit in die Masse eingepresst, während bei den Fig. 44 und 45 besonders geformte Polklemmen aus Messing aufgesetzt werden.

Die Kohlencylinder Fig. 43 und 44 dienen als Braunsteincylinder zu Leclanché-Barbier-Elementen, während Fig. 45 den Braunsteincylinder des Fleischer-Elements darstellt.

Eine sehr sichere Befestigung für Kohlencylinder aller Art, wie sie z. B. bei den Hydra-Elementen in Gebrauch ist, zeigt Fig. 46. Die Kohle bildet oben einen Zapfen mit einer Queröffnung, in welche von oben ein Loch für die Schraubenspindel

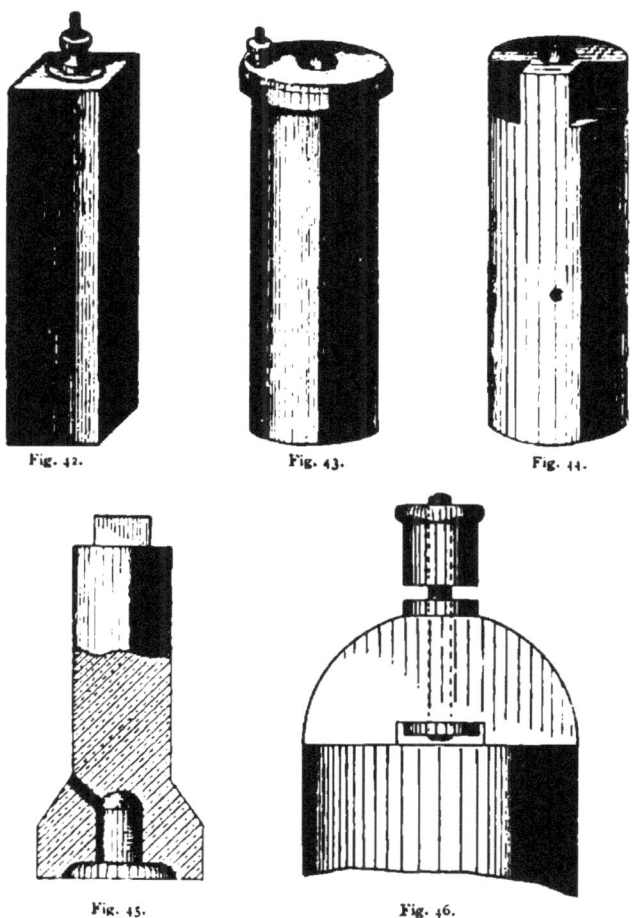

Fig. 42.   Fig. 43.   Fig. 44.

Fig. 45.   Fig. 46.

mündet, die durch zwei flache Muttern fest verschraubt wird, während eine dritte, grössere Mutter zur Befestigung des Pohldrahtes dient. — Bei runden Kohlenstiften, wie sie bei Trocken-Elementen vielfach in Gebrauch sind, verwendet man hauptsächlich die drei nachstehenden Befestigungsweisen. In Fig. 47 ist ein starker verzinnter Kupferdraht zwei Mal herumgelegt und festgewürgt. Fig. 48 zeigt eine federnde, gespaltene Messingkapsel (in welche oben ein Stift eingenietet ist), die auf den Kohlenstift aufgeschoben wird, während in Fig. 49 eine Schraubenspindel unten durch einen Stift quer durch die Kohle und oben durch eine flache Mutter gehalten wird.

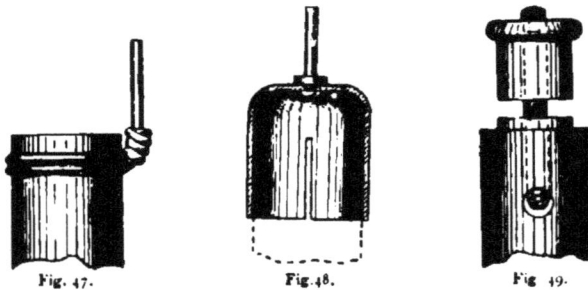

Fig. 47.   Fig. 48.   Fig. 49.

Bei allen bisher beschriebenen Elementen überhaupt, mit Ausnahme desjenigen von Weston, wird am negativen Pol Zink angewendet. Eine höhere Spannung als dieses würde Magnesium an Stelle dessen geben, wie die nachstehenden Versuche zeigen.

6. Ueber die Verwendbarkeit des Magnesiums

für Primär-Elemente hat Herr Professor C. Heim Versuche angestellt,[1]) und empfiehlt Magnesiumsalze als Elektrolyten, sowie Magnesiummetall als Elektrode anstatt Zink anzuwenden. Von einer allgemeinen Verwendung kann jedoch erst die Rede sein, sobald das Metall billig ist. Zur Zeit kostet das Kilo noch 25 Mk.

Bei einem nassen Versuchs-Element, in dem am + Pol Kohle von Braunstein umgeben war, wurden folgende Spannungen erhalten:

Negativer Pol	Elektrolyt	Klemmenspannung Volt
Zink	NH_4Cl 24 %	1,587
Magnesium	,, ,, ,, ,,	2,219
,,	$MgSO_4$	2,334
,,	$MgCl_2$	2,364
,,	$NaCl$	2,151

Es wurde ferner in einem gewöhnlichen Leclanché-Element Zink durch Magnesium ersetzt und hierdurch die Spannung um

---

1) Bericht darüber in der Elektrotechn. Zeitschrift 1887. S. 472.

0,63 Volt, bei Bittersalz im Elektrolyten um 0,75 Volt, bei Kochsalz um 0,56 Volt erhöht.

Ferner wurde von J. Müller ermittelt, dass bei Elektroden aus Kohle und Magnesium, ohne Braunstein an der Kohle, 1,94 bis 2,04 Volt Spannung, jedoch nicht konstant waren, während mit Braunstein eine konstante Spannung von 2,38 Volt erzielt wurde.[1]) Magnesium in verdünnter Schwefelsäure giebt 2,81 Volt.

Die Leitfähigkeit einer 20 prozentigen Lösung bei 18° C. beträgt nach F. Kohlrausch und Grotrian[2]) auf Quecksilber bezogen für

$MgCl_2$ 1311×10^{-8}
$MgSO_4$ 446×10^{-8}.

Das Sulfat hat also höheren Widerstand.

---

1) Poggendorfs Annalen Bd. 140. 1870. S. 308.
2) Ebenda Bd. 157, S. 248. 1876. Es wird ferner noch verwiesen auf: Streintz, Wiener Bericht in Wiedem. Annalen Beiblatt 2, S. 426 vom 22. 3. 1878, sowie auf F. Braun, Wiedem. Annalen 5 S. 182. 1878.

II. Herstellung von Trocken-Elementen.

Es kann nicht Gegenstand eines Buches sein, ganz genaue Vorschriften bezw. eine Anleitung zur Fabrikation von Trocken-Elementen zu geben. Nachdem wir jedoch die Hauptpunkte kennen gelernt haben, welche Veranlassung zur Konstruktion von Trocken-Elementen waren, wird eine Erörterung über die Prinzipien, welche für die Fabrikation maassgebend sein sollen und welche Ansprüche man an die einzelnen Bestandtheile derselben zu stellen hat, allen denen, welche mit galvanischen Elementen zu thun haben, werthvolle Fingerzeige bieten. Werden doch allein in Deutschland etwa jährlich an fünf Millionen galvanischer Elemente produzirt. Nächst der elektrischen Glühlampe dürfte also das Element das verbreitetste elektrotechnische Erzeugniss sein.

Die Fortschritte der Erzeugung von Elementen.

In der Praxis haben sich unter den konstanten Elementen, wie schon gesagt, besonders zwei Arten eingebürgert: die Zink-Kupfer- und Zink-Kohlen-Elemente. Als Zink-Kupfer-Elemente sind diejenigen Elemente hauptsächlich eingeführt, welche kein Diaphragma haben, sondern auf dem verschiedenen spezifischen Gewicht zweier Salzlösungen beruhen, wie diejenigen von Meidinger, Krüger, Callaud etc. Die Privatindustrie benützt, besonders für Haustelegraphie, Zink-Kohlen-Elemente und von diesen hauptsächlich die Typen nach Leclanché.

Die verschiedenen Mängel dieser Art von Kohlenelementen und die nothwendige Beaufsichtigung resp. Erneuerung des Elektrolyten, das Verstopfen der Kohlen durch unlösliche Zinksalze veranlasste die Konstruktion der sogenannten Trocken-Elemente, die jedoch nicht etwa trocken sind, sondern eine feuchte Füllmasse enthalten, ja meistens auch nichts weiter als verschlossene nasse Leclanché-Elemente sind.

Gar bald entstand eine ganze Menge von Typen und Konstruktionen, von denen einige mässigen Ansprüchen auch vollkommen genügten. Als Füllmasse gebraucht man Kleister, Häcksel, Dung, Kürbis, Sägemehl; als Elektrolyten mögliche und unmögliche Salzlösungen zur Auflösung des Zinks, hauptsächlich aber Chlorammonium, Chlornatrium und auch Zinksalze, oder Salmiakcalcidum.

Während man bisher bei den nassen Elementen gepresste und gebrannte Cylinder mit etwa 30—50 % Braunsteingehalt verwendet hatte, nahm man jetzt zu den Trockenelementen körnigen Braunstein, den man in einen Kohlencylinder hineinfüllte oder um Kohlenplatten herum befestigte.

Durch diese Anordnung erreichte man nicht allein geringeren inneren Widerstand und somit höhere Stromstärken als wie Leclanché, sondern auch eine bessere Depolarisation, also grössere Konstanz. Auch die Anwendung eines Zinkringes, an Stelle des früheren Zinkstabes, trug zur Verbesserung wesentlich bei.

Man erzielte auf diese Weise Elemente von 0,15—0,3 Ohm innerem Widerstande, die bei Kurzschluss 3—10 Ampère, bei 1,4 bis 1,5 Volt offen ergeben und beim Gebrauch in der Haustelegraphie mit bis 0,3 Ampère beansprucht werden können.

Eine Menge berufener und unberufener Fabrikanten tauchte nun auf, die angeblich alle das beste Element erzeugen. Sobald man jedoch ihr Fabrikat auf Entladung prüft, stellt sich in 12 bis 24 Stunden schon heraus, dass die Depolarisation vollkommen ungenügend ist, und infolge dessen Spannung und Stromstärke gewaltig schnell abnehmen. Untersucht man nun den Inhalt solcher Zellen und dessen chemische Zusammensetzung, so tritt gar oft bald klar zu Tage, dass der Fabrikant von Chemie keine Ahnung hat, sondern nach Gutdünken ein Mixtum compositum „erfand", das alles andere, nur kein guter Elektrolyt für galvanische Elemente ist. Es kommt auch vor, dass solche Fabrikanten höchst unangenehm werden, wenn man die geringe Leistungsfähigkeit oder grundfalsche Zusammensetzung ihrer Elemente zur Sprache bringt. — Es kommt nicht allein darauf an, dass das Element im Betriebe gut ist, sondern vor allen Dingen auch darauf, dass es in der Ruhe sich nicht verzehrt. Zu diesen Elementen mit Nebenverbrauch in der Ruhe gehört sogar eines, das lange Zeit als das beste galt.

In vielen Kreisen ist es, zufolge der vielen mangelhaften Elemente, zu einem förmlichen „Glaubenssatz" geworden, dass nasse

Elemente stets besser sein müssten als Trocken-Elemente und ferner, dass letztere für geschlossenen Stromkreis (Ruhestrom) nicht zu brauchen seien. Allerdings trifft dies in Bezug auf die meisten Trocken-Elemente zu, jedoch nicht bei allen.

Ein gutes, richtig zusammengesetztes Trocken-Element leistet viel mehr als das beste nasse Leclanché, ist billiger und auch für Ruhestrom unter Umständen längere Zeit hindurch brauchbar und zwar ohne alle Wartung. Es hat selbst bei langer mässiger Beanspruchung kaum unter 1,3 Volt und erholt sich in der Ruhe schon in wenig Stunden. Unter dauernder Beanspruchung ist hier natürlich nur eine zeitweise Stromstärke von etwa 25—50 Milli-Ampère zu verstehen.

Das beste Maass für die Leistungsfähigkeit eines Trocken-Elementes ist die Bestimmung der Entladung in Ampère- bezw. Wattstunden, wie wir später sehen werden.

Die gebräuchlichen Grössen der Trocken-Elemente geben etwa bis zu 60 Ampèrestunden aus bei unterbrochener geringer Beanspruchung. Bei Benützung auf einige Minuten und darauffolgender längerer Pause kann man sie auch bis 0,8 Ampère beanspruchen. Dauernd Strom für den Betrieb kleiner Glühlampen können auch die meisten konstanten galvanischen Elemente nicht leisten, wenn man nicht alle paar Tage die Füllung erneuert oder eine genügende Anzahl parallel schaltet. —

Vor einigen Jahren wurden die Galvanophore bekannt und mit völlig ungerechtfertigter Reklame in den Blättern angepriesen. Das Element enthielt keinen massiven Kohlenkörper, sondern nur einen Kohlenstift, von depolarisirender Masse umgeben, einen Zinkring und zwischen beiden eine Füllung von Sägemehl mit einem Elektrolyten getränkt. Das Element war gut, aber kaum besser als die übrigen guten Trockenelemente.

Neuerdings aber hat man namhafte Verbesserungen angebracht, so dass neue Elemente 1,50—1,60 Volt haben, ausgezeichnet konstant sind und in jeder Hinsicht allen Anforderungen genügen.

Es steht nach obigen Ausführungen zu erwarten, dass die Zink-Kupfer-Elemente aus dem Telegraphenbetriebe vielfach verschwinden werden, und dass man die alten Leclanché-Elemente durch die neueren trockenen und nassen Elemente ersetzen wird, die kaum einer Wartung bedürfen.

Das in der Elektr. Zeitschrift Nr. 9, 1894, beschriebene abgeänderte Fleischer-Element von Wolff bedeutet nach obigen Ausführungen einen Rückschritt, es entbehrt der Vorzüge guter Trocken-Elemente und ist in der Herstellung theurer als diese.

Wenn von einigen Fabrikanten behauptet wird, dass ihre Elemente 1,8—2,0 Volt haben, so lehrt die Erfahrung, dass es keinen Zweck hat, Elemente mit so hoher Anfangsspannung zu fertigen, da dieselben im Betriebe um so tiefer in der Spannung sinken, weil die Zusätze (Säuren), welche die höhere Anfangsspannung erzeugen, später ungünstig einwirken.[1]) Auch ist die Gestalt oder sonstige Beschaffenheit der Kohlenplatten in den Trocken-Elementen von gewissem Einfluss auf die Wirksamkeit derselben, viel kommt jedoch auf die Beschaffenheit des die Kohle umgebenden Depolarisators an. Die Kohle an sich bildet nur den Leiter zu diesem Stoffe. Wenn also jemand behauptet, er fertige verschiedene Typen von Elementen, die bei gleicher Grösse ganz verschiedene Entladungskurven aufweisen müssten, so kann man von vorneherein darauf schliessen, dass derselbe gewisse Fehler in der Fabrikation macht, und froh sein würde, wenn sein „normales Element" nur eine normale Kurve aufweisen würde. Elemente mit schneller Regeneration, z. B. wie sie einige Trocken-Elemente aufweisen, ohne ziemlich konstante Spannung bei der Entladung, sind daher trotzdem für hohe Leistung unbrauchbar, wie spätere Beispiele zeigen werden. Ebenso ist ein geringer, exakt gemessener innerer Widerstand oft ganz illusorisch, weil er im Betriebe des Elementes bei starker Gasentwickelung bedeutend höher wird, als die mit allem Wissen und Können veranstaltete Messung bei offenem Stromkreise ergeben hat.

Die galvanischen Elemente haben keine Konstanten; Spannung, Stromstärke und innerer Widerstand sind einer fortwährenden Veränderung unterworfen.

Nach dieser allgemeinen Uebersicht über den Fortschritt und den heutigen Stand in der Herstellung galvanischer Elemente, wollen wir nun speziell die Fabrikation der Trocken-Elemente kennen lernen und betrachten zunächst:

Die Ansprüche an die Bestandtheile.

Die Kohle für galvanische Elemente muss je nach Umständen ganz bestimmte Eigenschaften haben. Kohlenplatten, runde oder

---

[1]) Natürlich sind hierbei nur Elemente mit Zinkelektroden verstanden, bei Anwendung von Magnesium würde sich, wie schon ausgeführt, die Spannung ganz bedeutend erhöhen, doch kann dies vorläufig des hohen Preises wegen nicht in Frage kommen.

viereckige Kohlenstifte sollen möglichst dicht, fest und gut leitend, auch möglichst frei von fremden Beimengungen sein; dieselben sollen namentlich weder Eisen noch Arsen enthalten, oder doch möglichst nur Spuren davon aufweisen. Die meisten Fabriken galvanischer oder elektrischer Kohlen sind heute in der Lage, gut brauchbares Fabrikat zu liefern.

Ganz anders verhält es sich jedoch mit Kohlencylindern. Dieselben sollen im allgemeinen nicht allein obige Eigenschaften haben, sondern sie sollen auch dabei eventuell möglichst porös sein. Man wird jedoch selbst beim besten Fabrikat immer Stücke finden, welche keine gute Leitfähigkeit haben, und ist es daher nothwendig, jede Lieferung Stück für Stück auf Leitfähigkeit zu untersuchen. Es genügt hierfür irgend eine handliche, ziemlich rohe Methode mit einem geeigneten Galvanometer, einer Glocke oder dergleichen. Bei einiger Uebung wird man schon mit dem Auge solche mangelhaften Stücke erkennen können.

Die Ursache, warum trotz aller Sorgfalt in der Fabrikation die Leitfähigkeit verschieden ist, hat man bis jetzt noch nicht mit Gewissheit erkennen können.

Verfasser hat eine grössere Anzahl von Kohlencylindern aus guten Fabriken untersucht und folgende Widerstände ermittelt:

Widerstand von hohlen Kohlencylindern.

Gewicht . . . . . . gr.	200	160	65	—
Länge . . . . mm	160	115	90	125
Aeusserer Durchmesser „	50	50	30	60
Innerer „ „	40	40	20	45
Widerstand, normal, Ohm .	0,100—0,175	0,08—0,135	0,100—0,150	0,113
Zu hoher Widerstand „ .	0,235—0,75	0,30—2,10	2,00—1,60	—

Die Messungen wurden bei trockenen Cylindern ausgeführt. Mit Elektrolyt getränkte Cylinder haben einen etwa um ein Drittel geringeren Widerstand als trockene.[1] —

Da der Elektrolyt in der mehr oder minder porösen Kohle stets in die Höhe steigt und dann gar bald die Polklemme oxydirt und somit den Kontakt zerstört, so ist äusserst sorgfältiges Paraffiniren des oberen Endes mindestens auf 3 cm Länge erste Bedingung für ein dauernd gutes Funktioniren der Elemente. Um

---

[1] Da der innere gesammte Widerstand eines Elements zum Theil geringer ist als der Widerstand der Kohle im Element, so ist klar, dass bei einer Kohle mit zu hohem Widerstand derselbe auf die Strombildung nicht ohne Einfluss sein kann.

dies zu erreichen, muss das zu paraffinirende Ende in einer Gebläseflamme glühend gemacht und in geschmolzenes, reines Paraffin gut eingetaucht werden. Da dies jedoch bei grösseren Stücken einige Schwierigkeiten macht, so pflegen die Kohlenfabriken auf Verlangen diese Arbeit mit zu übernehmen. — Besonders kleinere Installateure, welche sich nasse Elemente nach Leclanché selber zusammenstellen, pflegen gegen diese Grundregel oft zu verstossen, indem sie die Kohle, welche womöglich bereits mit Salzen durchtränkt ist, kaum heiss machen und nur oberflächlich mit Paraffin überziehen, so dass nach wenigen Monaten Störungen in Elementen mit solchen Kohlen eintreten.

Das Zink. Zur Herstellung der Zinkringe oder der Zinkbecher, welche in den Trocken-Elementen als Elektroden dienen sollen, verwendet man gut gewalztes, zähes Zinkblech von 1,0 bis 1,2 mm Stärke, das möglichst rein sein und vor allem möglichst wenig Kohle enthalten soll, weil diese die Wirksamkeit des Zinkpols bedeutend vermindert. Das Zinkblech wird in langen Tafeln geliefert, mit einer Blechscheere in Stücke von passender Grösse geschnitten und auf einer Biegemaschine zwischen Walzen kreisrund gebogen.

Die Zinkringe sollen einen möglichst geschlossenen Cylinder bilden. Als Ableitung dient ein Bleistreifen oder Bleidraht. Das Anlöthen der Bleiableitung soll möglichst ohne Löthwasser und nur mit Harz bewirkt werden. Die Löthstelle ist mit Asphaltlack sorgfältig zu lackiren. Mit dem gleichen Lack ist auch die Aussenseite der Zinkringe nach vorherigem Anwärmen zu überziehen, so dass nur die dem Kohlepol gegenüberstehende Innenseite wirksam ist.

Die Zinkelektroden sind auf der Innenseite sorgfältig zu amalgamiren.

Das Amalgamiren, Verquicken des Zinkringes, geschieht aus drei Gründen: Das Quecksilber giebt dem Zink eine reine, metallische Oberfläche, erhöht die Spannung und vermindert den Nebenverbrauch bei offenem Stromkreis. Es ist nicht gleichgültig, wie man amalgamirt und mit welchem Quecksilbersalz dies geschieht. Die zu verquickende Oberfläche soll metallisch blank sein. Die Zinkringe werden zunächst in eine passende, verdünnte Lösung von Quecksilbersalz einige Minuten gestellt, dann abgetrocknet und mit metallischem Quecksilber eingerieben, bis eine glänzend weisse Oberfläche erzielt ist.

Das Amalgamiren sollte unter Anwendung von Gummifingern, Bürsten und Lappen geschehen, niemals mit blosser Hand. Es empfiehlt sich auch, Nase und Mund mit einem Schwamm oder Respirator zu schützen.

Bestehen die Gefässe der Elemente aus viereckigen oder dreieckigen Zinkbechern, so sollte man diese nicht als Elektrode verwenden, sondern innen gut lackiren und eine besondere Zinkelektrode als Ring einsetzen und mit dem Zinkbecher zusammen verlöthen und die Polklemme am Zinkbecher anbringen. Dies ist insofern nothwendig, als der Abstand der beiden Elektroden am ganzen Umfange gleich gross sein muss, damit die Oberflächen vollkommen mitarbeiten und gleichmässig abgenützt werden.[1]

Das Anlöthen der Ableitungen oder Polklemmen an das Zink muss vor dem Amalgamiren geschehen, da sich auf verquickten Zinkflächen nicht löthen lässt.

Ist bei runden Zinkgefässen der Zinkbecher zugleich Elektrode, so müssen alle Löthnähte sowie der Boden vor dem Verquicken sorgfältig lackirt werden. Der Zinkboden wird ausserdem durch eine Scheibe paraffinirten Papiers vor der Berührung mit dem Kohlepol noch besonders geschützt.

Es ist meistens rationeller, die Zinkbecher nicht stark zu machen, sondern dünnes Blech zu nehmen und einen besonderen Zinkring einzusetzen. Dies ist jedoch nur dann zulässig, wenn der Elektrolyt vollkommen neutral ist, so dass in der Ruhe kein Zinkverbrauch stattfindet.

In denjenigen Elementen, welche Zinksalze im Elektrolyten enthalten, also Chlorzink oder Zinksulfat im neutralen Zustande, wird die Zinkelektrode nur sehr wenig angegriffen, so dass starke Zinkringe, wie man sie sonst in den Meidinger-Elementen anwendet, nicht nöthig sind. Die Stromerzeugung in solchen Trocken-Elementen geht hauptsächlich auf Kosten des Braunsteins vor sich. — Eine Theorie des Vorgangs in galvanischen Elementen auf Grund der modernen Naturanschauung und der Hertz'schen Versuche findet sich in Dr. Neuburgers Elektrochemischen Zeitschrift, Berlin 1895, S. 154.

[1] Ueber das Amalgamiren siehe auch „Die Primär-Elemente" von Carhart-Schoop 1895, S. 36—39, sowie Alfred Niaudet, „Die galvanischen Elemente von Volta bis heute", übersetzt von W. Ph. Hauck, 1881, S. 149—150.

Das Gefäss. Die Zelle, der Behälter, in welchen man die Trocken-Elemente einbaut, macht man aus Glas, Zink- oder Weissblech, lackirter und imprägnirter Pappe, emaillirtem Eisenblech, Celluloid, Ambroin etc. Das beste und billigste Gefäss dürfte das Glas sein. Wird Chlorzink als Elektrolyt verwendet, so muss das Glasgefäss **schwarz gefärbt** sein, um die Einwirkung des Lichts zu verhindern, weil sich andernfalls im Lichte Salzsäure bildet, die das Zink gar bald zerstören würde.

Da die Elektrodenflächen möglichst genau parallel laufen sollen und beide cylindrisch gestaltet sind, so verwendet man am besten auch cylindrische Gefässe von 120—200 mm Höhe und 50—90 mm Weite. Bei Gläsern soll die Wandstärke etwa 3 mm betragen. Die Gefässe sollen weder zu gross noch zu klein gewählt werden. Der Zinkring soll möglichst an der Gefässwand anliegen, damit im Zwischenraum möglichst wenig Elektrolyt Platz findet, der nicht zur Wirkung kommt, und die Elektroden unverrückbar festgehalten werden. Die verschiedenen Konstruktionen haben wir bei Beschreibung von Elementen genauer kennen gelernt. Für transportable Elemente oder für überseeischen Transport nimmt man an Stelle von Gläsern auch Papp- oder Blechgefässe. In vielen Fällen empfiehlt es sich, die Gefässe innen mit gut isolirendem, nicht brüchigem Harz sorgfältig auszugiessen, wie dies z. B. bei Anwendung von Weissblech oder Pappe, auch bei emaillirtem Eisenblech durchaus erforderlich ist. Zweck und Preis sind, wie überhaupt bei dieser ganzen Spezialfabrikation, auch besonders bei den Gefässen maassgebend. Celluloidgefässe sind zwar sehr leicht und haltbar, aber auch sehr theuer, Ambroin ist ziemlich schwer und zerbrechlich wie Glas, aber viel theurer.

Nachdem wir vorstehend die an die Gefässe und Elektroden zu stellenden Ansprüche kennen gelernt haben, kommen wir nunnunmehr zur:

Herstellung des Depolarisators. Hierzu verwendet man allgemein möglichst guten Graphit (Ceylon-Silbergraphit) und Braunstein (Mangansuperoxyd) von mindestens 96 % Reingehalt. Beide Bestandtheile werden als möglichst feines Pulver verwendet. Das Mischungsverhältniss beider Theile ist so einzurichten, dass die beste Leitfähigkeit erzielt wird. Der Braunstein soll möglichst eisenfrei sein.

Man mischt trocken etwa 70—75 % Braunstein mit 25—30 % Graphit gut durcheinander und giebt dazu so viel Wasser oder

Elektrolyt, dass eine ziemlich trockene plastische Masse entsteht, welche um die den Strom ableitende Kohle in Gestalt eines Stiftes oder eines Cylinders ziemlich fest gepresst wird. Die hierzu nöthige Flüssigkeit beträgt etwa 10 % der Mischung.

Es ist vollständig falsch, bei Anwendung von runden Zinkcylindern die Pressung auf einer Kohlenplatte anzubringen und womöglich der breiten Kohlenfläche gegenüber eine grosse Lücke im Zinkcylinder zu stellen, so dass hauptsächlich die Kanten der Kohle arbeiten! In dieser Beziehung wird oft Unglaubliches geleistet.

Die allermeisten Trocken-Elemente lassen auf den ersten Blick erkennen, dass ihr Urheber entweder keine Ahnung hat oder sehr gedankenlos zu Werke gegangen ist, man verstösst oft gegen die einfachsten Regeln der Technik, Chemie oder Elektrolyse, und man muss oft nur staunen, mit welcher Unverfrorenheit Mechaniker, Schlosser, Fabrikarbeiter Elemente nach „eigenem System" herstellen und anpreisen. Gar oft zeigt die Preisliste schon die gröbste Unkenntniss in den ersten Zeilen, fast jeder Satz enthält Falsches oder Unwahres.[1])

Der eine behauptet, sein Trocken-Element funktionirt bei Haustelegraphen oder temporärer Beleuchtung 12—15 Jahre — der andere, es erreicht Spannung und Stromstärke des Bunsen-Elements oder ist ein vorzüglicher billiger Ersatz für Taschakkumulatoren und dergleichen mehr. Ein dritter faselt von unbegrenzter Lebensdauer oder von ganz neuen, bisher unbekannten Prinzipien, obgleich diese Leute keine Ahnung von der Sache haben. Die Existenzberechtigung solcher Leute basirt eben nur auf dem alten Satz: mundus vult decipi.

Die Herstellung von besten Trocken-Elementen ist nicht so einfach wie viele glauben. Es gehört eine gründliche wissenschaftliche und technische Vorbildung und streng systematisches Arbeiten dazu. Wer diese Kenntnisse und Fähigkeiten nicht besitzt, wird nie etwas Vorzügliches leisten und event. viel Geld und Zeit verlieren. Die Fabrikation ist auch nur dann lohnend, wenn täglich etwa 300—1000 Stück gefertigt werden, je nach den allgemeinen Unkosten, welche darauf lasten. Da ausserdem die Bestandtheile sich theilweise aus Bruchtheilen von Pfennigen zusammensetzen, so ist nur eine sehr rationell betriebene Massenerzeugung lohnend. Da

---

1) Verfasser führt hier nur Thatsachen an, die Beispiele sind vorhandenen Preislisten bezw. Prospekten entnommen.

ausserdem die Herstellung viel Handarbeit erfordert, so sind billige Arbeitskräfte erste Bedingung, auch gehört immerhin bedeutendes Kapital dazu.

Kehren wir jedoch nach dieser kurzen Abschweifung zum Thema zurück. Das Umpressen der Kohlen mit depolarisirender Masse geschieht etweder von Hand oder am besten mit einer geeigneten Presse, wie sie nachstehend beschrieben ist.

Die Presse. Auf einem starken Tisch (Fig. 50) sind zwei senkrechte Ständer angebracht, die durch zwei Querbalken verbunden und durch Streben gestützt sind. Zwischen den beiden Querbalken ist eine kräftige Welle mit Kurbel gelagert, welche in der Mitte einen Zahntrieb trägt, der in eine senkrecht geführte Zahnstange eingreift. In der Mitte zwischen den senkrechten Säulen ist ein Stück der Tischplatte ausgeschnitten und mit einer eisernen Platte verschlossen. Diese Platte hat in der Mitte ein Loch von ca. 100 mm Weite, in welches Ringe mit Oeffnungen passen, die je nach dem Durchmesser des herzustellenden Depolarisators verschieden gross sind.

Fig. 50.

Die Ringe werden von unten durch zwei Riegel in der Platte befestigt, so dass sie dem Druck der Zahnstange genügend widerstehen. Oben auf der Eisenplatte, konzentrisch zur Oeffnung in derselben, wird ein runder Pressklotz befestigt, dessen Bohrung dem herzustellenden Depolarisator entspricht.

Die Kohle wird von unten mit der linken Hand eingeführt, die depolarisirende Masse von oben eingebracht, ein runder Stempel darauf gesetzt und alsdann die Masse durch Herunterdrehen der

Zahnstange zusammengepresst. Hierauf zieht man die Riegel zurück und drückt mit der Zahnstange bezw. Kurbel den gepressten Körper aus dem Pressklotz heraus. — Gewöhnlich pflegt man zwei bis vier solcher Pressen auf einem gemeinsamen Tisch anzubringen. Es eignet sich zu dieser Arbeit schliesslich auch jede andere Presse, es ist jedoch nothwendig, dass der Druck auf die Masse von oben senkrecht erfolgt, weil andernfalls die Kohle leicht zerbrochen wird.

Der Elektrolyt. Welche Salze auch immer hierfür verwendet werden und wie auch die Lösung derselben zusammengesetzt sein mag, den nachstehenden drei Bedingungen sollte jeder Elektrolyt für Trocken-Elemente möglichst entsprechen:

a) Das Lösungsverhältniss soll so gewählt werden, dass der Widerstand der Flüssigkeit ein Minimum ist;

b) der Elektrolyt soll neutral, weder alkalisch noch sauer reagiren;

c) der Elektrolyt soll so beschaffen sein, dass unlösliche Zinksalze möglichst wenig entstehen können.

Der geringe Widerstand ist Bedingung für beste Stromabgabe. Der neutrale Elektrolyt verhindert den Nebenverbrauch von Zink bei offenem Stromkreise. Die Bildung von unlöslichen Zinksalzen verursacht Erhärten der depolarisirenden Masse und macht das Element schnell völlig unwirksam, da die Elektroden hierdurch ihre Leitfähigkeit verlieren und der Braunstein nicht mehr depolarisirend wirken kann. Ganz vollkommen dürfte der letztere Uebelstand noch in keinem Trocken-Element beseitigt sein, da bei Kurzschluss gewöhnlich die depolarisirende Masse erhärtet.

Hieraus folgt auch, dass eine oberflächliche Prüfung der Elemente im Kurzschluss, wie dies viele zu thun belieben, durchaus falsch ist und absolut kein Urtheil über die Güte von Trocken-Elementen erlaubt.[1])

Chlorammonium wird für Trocken-Elemente heute noch vielfach verwendet, es ist jedoch hierfür durchaus nicht geeignet, weil es unlösliche Zinksalze sehr stark bildet und auch wenig hygroskopisch ist.

Die Verwendung eines hygroskopischen Salzes ist jedoch eine grosse Hauptsache bei Trocken-Elementen, da sie sonst zu schnell die Feuchtigkeit verlieren.

---

1) Ein Element von geringem inneren Widerstande giebt bei Kurzschluss auch mehr Strom ab als ein solches von höherem inneren Widerstande. Ohne zu messen ist also ein solches Verfahren ganz unzulässig, wird aber von vielen sogen. „Fachleuten" als maassgebend oft angewendet.

Unter den hygroskopischen Salzen wird jetzt mit Vorliebe Chlorzink verwendet, das jedoch in seiner Behandlung ziemlich schwierig ist, weil es an der Luft in kurzer Zeit kohlensaures Zink abscheidet, das unlöslich ist und die Leitfähigkeit bezw. Porosität der depolarisirenden Masse beeinträchtigt. Durch geeignete Zusätze oder sachgemässe Behandlung muss also das kohlensaure Zink unter allen Umständen beseitigt werden.

Die beste Leitfähigkeit des Chlorzinks liegt zwischen 25 bis 30%, was einem spez. Gewicht von 1,238—1,291 entspricht. Das Auflösen in destillirtem Wasser muss langsam und vorsichtig bewirkt werden, da sich die Lösung stark erwärmt.

Ob ein Zusatz von anderen Salzen zum Chlorzink erspriesslich ist, muss durch Versuche in jedem Falle festgestellt werden. Die Fabriken geben ihre Erfahrungen in dieser Beziehung natürlich nicht bekannt. Einige setzen Chlorammonium, andere Chlormagnesium hinzu. — Es ist jedoch in dieser Hinsicht eine gewisse Vorsicht geboten, da bei zu stark hygroskopischen Salzen ein so grosser Ueberschuss an Wasser entsteht, dass dasselbe oben herausquillt und aus dem trockenen ein nasses Element wird! —

Mit dem nach sorgfältigen Versuchen als brauchbar gefundenen Elektrolyten wird das ganze Element zusammengesetzt, d. h. sowohl die depolarisirende Masse um die Kohle als auch die poröse Füllung zwischen den Elektroden getränkt.

Es ist zwecklos, der depolarisirenden Masse eine stärkere Salzlösung beizugeben, weil doch bald ein Ausgleich der Konzentration von innen nach aussen stattfindet, auch wird das Verhärten der Pressung dadurch event. beschleunigt. —

Aus der üblen Eigenschaft des Chlorzinks, an der Luft kohlensaures Zink abzuscheiden, ist ohne weiteres zu erkennen, dass sich dasselbe für nasse bezw. offene Elemente nicht eignet. Hierzu kann man also nur Kochsalz, Zinksulfat, Salmiak oder eine Mischung der Salze gebrauchen. — Der reine Chemiker kann in solchen Fragen selten entscheiden, es sind vielmehr sehr sorgfältige, elektrochemische Untersuchungen erforderlich, um die beste Zusammensetzung des Elektrolyten zu ermitteln, auch kosten solche Versuche viel Zeit, Geld und eine grosse Anzahl von Versuchs-Elementen. Wer diese Vorbedingungen nicht erfüllen kann, sollte sich nicht an diese Fabrikation heranwagen.

Salmiakcalcidum. Die Anwendung des Chlorammoniums für nasse wie für trockene Elemente bringt, wie schon früher erwährt, verschiedene Uebelstände mit sich, zu denen bei den nassen Elementen besonders das Auskrystallisiren gehört, während Trocken-Elemente mit diesem Salz im Elektrolyten sehr bald zu trocken werden, ganz abgesehen davon, dass auch eine Reihe unlöslicher Zinkverbindungen entsteht.

Da nun Chlorzinklösung diese schlechten Eigenschaften weniger besitzt und dasselbe, weil hygroskopisch, Trocken-Elemente länger feucht erhält, so hat man dieses in den letzten Jahren allgemein für die Herstellung derselben angewendet. —

Die Elektrolyse bildet jedoch auch hier bei Zersetzung der porösen Füllung Zinksalze, die auch nur wenig löslich sind.[1])

Nach neueren Erfahrungen scheint nun das Salmiakcalcidum[2]) sich für nasse wie für trockene Elemente weit besser zu eignen als selbst Chlorzink, weil es weder auskrystallisirt noch eintrocknet und die Zinkelektrode stets blank erhält. — Bei Abfassung des Manuskriptes zum vorliegenden Werke war mir dieses seit einigen Jahren hergestellte neue Produkt wohl bekannt, es lagen jedoch eingehende Versuchsresultate mit demselben noch nicht vor, die inzwischen während der Drucklegung bekannt und vom Verfasser auf ihre Richtigkeit möglichst nachgeprüft wurden. Einige Angaben hierüber mögen daher an dieser Stelle noch eingefügt werden.

Salmiakcalcidum ist eine Verbindung zwischen Calciumoxychlorid und Ammoniumchlorid und wird als weisses Krystallmehl in den Handel gebracht. Dieses Salz ist derartig hygroskopisch, dass es an der Luft sofort zerfliesst, es muss daher in gut verschlossenen Blechbüchsen oder Glasflaschen aufbewahrt werden. Das an der Luft zerflossene Salz ist jedoch gleichfalls verwendbar. Man gebraucht es in gesättigter wässeriger Lösung, indem man 300 g Salz in 1 l Wasser auflöst. Elemente, die zuvor Salmiak enthielten, müssen vor Anwendung dieses neuen Salzes gut gereinigt und ausgewässert werden. Eingetrocknete Trocken-Elemente kann man anbohren und mit Salmiakcalcidum wieder brauchbar machen.

---

1) Die Vorgänge in Trocken-Elementen sind in Bezug auf die thatsächlich entstehenden Zersetzungsprodukte noch sehr wenig erforscht und wären genauere Feststellungen in dieser Richtung eine sehr dankbare Aufgabe für Elektrochemiker.

2) Das Salz konnte früher nur als konzentrirte Lösung geliefert werden, Herrn Busse ist es jedoch gelungen, es im Vakuum als trockenes Salz darzustellen.

Vergleichende Versuche zwischen einem nassen Element mit normaler Salmiaklösung und einem gleichen mit Salmiakcalcidumlösung hatten folgendes Ergebniss:

Die Elemente ergaben im offenen Zustande fast gleiche Spannung. Dieselbe betrug bei Füllung mit Salmiak 1,633 Volt, bei der Füllung mit Salmiakcalcidum 1,657 Volt.

Zur Untersuchung über die Leistungsfähigkeit wurden beide Elemente zu gleicher Zeit mit einem Widerstande von 10 Ohm geschlossen und die Spannung an den Klemmen während der Dauer von 45 Tagen (entsprechend dem Abfall, anfangs 10 mal täglich, am Schluss in Abständen von mehreren Tagen) beobachtet.

Die Spannung betrug nach dem	Bei Füllung mit Salmiak	Bei Füllung mit Salmiakcalcidum
1ten Tage	1,241 Volt	1,329 Volt
5 ,, ,,	1,093 ,,	1,219 ,,
10 ,, ,,	0,970 ,,	1,125 ,,
15 ,, ,,	0,900 ,,	1,060 ,,
20 ,, ,,	0,839 ,,	0,987 ,,
25 ,, ,,	0,770 ,,	0,909 ,,
35 ,, ,,	0,510 ,,	0,650 ,,
45 ,, ,,	0,250 ,,	0,330 ,,

Hieraus ergeben sich für den Spannungsabfall folgende Zeiten:

Die Spannung ist gesunken bis	Bei Füllung mit Salmiak	Bei Füllung mit Salmiakcalcidum
1,2 Volt	nach 1,6 Tagen	erst nach 6 Tagen
1,1 ,,	,, 4,8 ,,	,, ,, 11,7 ,,
1,0 ,,	,, 7,8 ,,	,, ,, 19,2 ,,
0,9 ,,	,, 15,2 ,,	,, ,, 25,6 ,,
0,8 ,,	,, 23,3 ,,	,, ,, 30,6 ,,

Die Leistung der beiden verschieden gefüllten Elemente ergab sich in Wattstunden wie folgt:

Leistung in den	Bei Füllung mit Salmiak	Bei Füllung mit Salmiakcalcidum
ersten 15 Tagen	40,5 Wattstunden	50,7 Wattstunden
,, 30 ,,	64,0 ,,	83,3 ,,
,, 45 ,,	72,0 ,,	96,7 ,,

Aus diesen Ergebnissen folgt, dass ein nasses Element mit Salmiakcalcidumlösung wesentlich mehr leistet als mit gewöhnlicher Salmiaklösung und zwar betrug die Mehrleistung

in 15 Tagen 25%
" 30 " 30 "
" 45 " 33$^1/_3$%.

Gleichfalls sehr zufriedenstellende Erfahrungen haben Element-Fabriken auch mit diesem neuen Salz bei Anwendung für Trocken-Elemente gemacht, doch konnte ich genauere Angaben darüber nicht rechtzeitig erhalten. Jedenfalls wird das neue Produkt viel zur Verbesserung der Elemente beitragen, das ausserdem auch nicht so stark die ätzenden Eigenschaften des Chlorzinks besitzt und auch nicht wie dieses an der Luft kohlensaures Salz ausscheidet.

Verfasser hatte kürzlich noch Gelegenheit, das Verhalten des Salmiakcalcidums bei nassen und trockenen Elementen zu prüfen. Von zwei nassen Reform-Elementen wurde behufs vergleichender Beobachtung das eine mit Salmiak, das andere mit Salmiakcalcidum im Elektrolyten versehen. Beide Elemente wurden auf einen konstanten Widerstand aus starkem Manganindraht von je 1 Ohm entladen, es ergab sich folgendes Resultat:

Element	
1. mit Salmiak	2. mit Salmiakcalcidum
Spannung offen 1,45 Volt	Spannung offen 1,71 Volt
geschlossen 1,37 "	geschlossen 1,58 "
nach 1 Std. 1,185 "	nach 1 Std. 1,215 "
" 2 " 1,14 "	" 2 " 1,15 "
" 3 " 1,11 "	" 3 " 1,12 "
" 4 " 1,09 "	" 4 " 1,10 "
" 5 " 1,08 "	" 5 " 1,085 "
" 9 " 1,03 "	" 9 " 1,02 "

Element Nr. 2 gab also bedeutend mehr Energie aus als Nr. 1 und sank trotzdem erst nach ca. 9 Stunden auf etwa die gleiche Leistung. Nach 17 stündiger Entladung hatten beide Elemente noch ca. 0,9 Volt bei 0,9 Ampère. —

Trockene Reform-Elemente, die Verfasser mit Salmiakcalcidum herstellte, zeigten offen 1,67—1,71 Volt und 12 Ampère im Kurzschluss, obgleich es nur Elemente von 130 mm Höhe und 70 mm Durchmesser waren.

Die poröse Füllmasse. Um das Ausfliessen des Elektrolyten aus den Zellen zu verhüten, jedoch eine innige Berührung zwischen Flüssigkeit und der Oberfläche der Elektroden zu erzielen, füllt man den Raum zwischen den letzteren mit feinen Sägespänen,

Gypsbrei, Infusorienerde oder einer Gallerte aus Mehl und Traganth etc. aus, welche mit dem Elektrolyten getränkt sind.

Das billigste Material für den Zweck ist offenbar das fein gesiebte Sägemehl von Laubhölzern, wie z. B. Linde, Erle, Weide; Nadelholz pflegt man nicht zu verwenden. Vielleicht eignet sich auch vegetabilische Kohle, die von allen Salzen befreit ist, und wie sie für transportable Akkumulatoren von der Watt-Gesellschaft zu Berlin nach dem Patent Silberstein verwendet wird. — Sehr bequem, aber vielleicht etwas theurer ist auch Gypsbrei, welcher durch geeignete Zusätze am Abbinden gehindert wird, so dass er stets etwas gallertartig, schmierig bleibt. Infusorienerde giebt leicht eine zu dichte Masse. Traganth mag zu Anfang ganz vorzüglich wirken, sobald aber etwas Feuchtigkeit verdunstet, schrumpft er derartig zusammen, dass der Kontakt mit den Elektroden verloren geht, was schliesslich doch die Hauptsache ist.

Die Vergussmasse für den oberen Verschluss der fertigen Elemente besteht entweder aus einer Pechkomposition oder aus Schwefel. Bei Anwendung von Pech pflegt man zunächst eine Schicht weicheres Pech aufzugiessen und nach dem Erhärten desselben Hartpech aufzutragen. Das weiche Pech giebt einen guten Abschluss am Rande der Gefässe und verhindert das Ausbröckeln der oberen härteren Schicht. Das obere Hartpech ist durchaus erforderlich, weil gewöhnliches Pech in warmer Sommertemperatur erweicht und event. aus den Elementen ausläuft.

Für sehr heisse Gegenden muss das Hartpech sehr sorgfältig zusammengesetzt und erprobt sein, weil die Elemente sonst bei 30—45° C. und darüber völlig unbrauchbar werden.

Schwefel bleibt bei dieser Temperatur zwar hart, giebt jedoch beim Erkalten keine glatte, sondern eine rauhe, krystallinische Oberfläche, die mit einem dicken Lack oder dergl. überzogen werden muss, um besseres Ansehen zu erhalten. Wachs oder Paraffin, das einige zum Verguss empfehlen, ist absolut unbrauchbar und viel zu theuer. Das billigste ist das amerikanische Fichtenharz mit Zusatz von Pech, Oel, Thran, wobei zum Erhärten Gyps oder Braunstein etc. dient.

' Zum Schutz der Drahtverbindung am oberen Ende der Kohlenstifte pflegt man dieselben 1 cm tief in geschmolzene „Chattertons-Masse" einzutauchen, die beim Vergiessen der Elemente von Pech umgeben wird. Ist der Drahtbund an der Kohle nicht auf diese Weise sorgfältig geschützt, so dringt leicht etwas Elektrolyt dazwischen und zerstört durch Elektrolyse unfehlbar in kurzer Zeit den Kontakt oder den ganzen Draht.[1])

Das Zusammensetzen der Elemente nach Fertigstellen aller einzelnen Theile geschieht etwa in folgender Weise: Die Bestandtheile sind je nach ihrer Grösse in Kästen, auf Brettern etc. zu 25 bis 100 Stück geordnet und auf langen Arbeitstischen vertheilt.

Zunächst werden die Gläser oder sonstigen Gefässe innen gut gereinigt, in langen Reihen aufgestellt und auf dem Boden mit etwas groben Sägespänen versehen. Die Depolarisatoren sind mit Leinwand umbunden, in die Zinkringe gesteckt und durch Stäbchen in denselben centrirt. Die so vorbereiteten Elektroden werden in die Gläser gestellt, nach ihrer Höhe darin regulirt und nun die poröse Füllmasse, bei Gyps als Brei, mit dem Elektrolyten eingegossen, bei Sägemehl trocken eingeschüttelt und dann angefeuchtet. Die Centrirstäbchen werden entfernt und die Löcher von denselben mit Masse geschlossen.

Das Trocken-Element ist nun schon gebrauchsfähig. Es zeigt bei guter, richtiger Anfertigung bis zu 1,7 Volt, nach dem Vergiessen bis 1,6 Volt.

Auf die Füllmasse pflegt man noch eine durchlöcherte, paraffinirte Papierscheibe zu legen und dann mit Pech zu vergiessen.

Die Entgasung des inneren Raumes ist durchaus nöthig, fehlt dieselbe, so wird unter allen Umständen der Verguss in kurzer Zeit herausgetrieben, so dass schliesslich eine förmliche Halbkugel sich oben bildet. Man wendet für diesen Zweck ziemlich allgemein ein etwa 3 mm weites, kräftiges Bleiröhrchen an, das oben einen feinen Spalt mit feinem Loch in der Mitte hat und unten etwas gespalten ist, wie dies in Fig. 51 im Querschnitt dargestellt ist. Einige Fabriken verwenden auch kurze Stücken von feinem Glasrohr an Stelle des Bleirohrs, das letztere ist jedoch billiger und unzerbrechlich. Das Entgasungsröhrchen muss vor dem Vergiessen der Elemente in die Zellen gestellt werden.

Fig. 51.

Ist die Vergussmasse erkaltet, so wird die Oberfläche derselben vor einem Gebläse oder einer Löthlampe geglättet und die Ränder sorgfältig an die Gefässwände angeschmolzen. Das Gefäss wird aussen alsdann noch gereinigt und das Element ist nun fertig zum Versandt.

---

[1] Um diesen Uebelstand sicher zu vermeiden, lassen einige Fabrikanten die Kohle aus dem Verguss oben hervorstehen.

Zum Schluss dieses Abschnittes mag noch eine Uebersicht für Material und Arbeiten zur Herstellung von Trocken-Elementen folgen.

Materialien.

Gefässe,
Kohlen,
Zinkringe,
Bleistreifen,
Bleirohr,
Polklemmen,
Kupferdraht,

Löthzinn,
Bindfaden,
Leinwand,
depolarisirende Masse,
poröse Füllmasse,
Sägemehl,

Elektrolyt,
Lack,
Vergussmasse,
Kaliko,
Fabrikmarken,
Amalgam.

Arbeiten.

Gefässe reinigen,
Zink schneiden,
Zink runden,
Klemmen biegen,
Klemmen anlöthen,
Bleistreifen anlöthen,
Zinkringe lackiren,
Zinkringe amalgamiren,
depolaris. Masse mischen,
Kohlen umpressen,
umpresste Kohlen binden,
Bleistreifen schneiden,
Bleirohr schneiden,
Zinkbecher fertigen,

Zinkbecher löthen,
Boden und Löthnaht lackiren,
Becher mit Kaliko bekleben,
Ableitungen an den Kohlen anbringen,
Elektrolyt auflösen.
Füllmasse herstellen bezw. anfeuchten,
Einbauen,
Pech schmelzen,
Vergiessen der Zellen,
Glätten der Oberfläche,
Reinigen der Gefässe,
Firma oder Marke aufkleben.

Je nach Konstruktion und Einrichtung der Elemente werden die obigen Angaben sich etwas ändern, im allgemeinen jedoch bei allen Systemen etwa die gleichen sein. —

Bei Anschaffung von Elementen sind viele oft in Verlegenheit, nach welchen Gesichtspunkten sie zu wählen haben, und möge hierfür die nachstehende Anleitung nützlich sein.

III. Auswahl galvanischer Elemente.

Der gewöhnliche Fehler bei der Anwendung galvanischer Elemente ist der, dass man ungeeignete Typen oder auch zu kleine Zellen verwendet. Die Missgriffe, welche in dieser Beziehung gemacht werden, sind sehr häufig und kaum glaublich, weil sehr viele in der Praxis stehende Leute keine Ahnung von der Leistung galvanischer Elemente haben.

Meines Wissens giebt es auch noch kein Werk über galvanische Elemente, das wie dieses lediglich der Praxis gewidmet ist und das auf diesen Hauptpunkt ausdrücklich und ausführlich hinweist.[1]

Das folgende Beispiel wird das Gesagte am besten erläutern: In neuerer Zeit pflegt man in besseren Wohnhäusern für die Nacht eine kleine elektrische Treppenbeleuchtung einzurichten, welche von jedem nach 10 Uhr Abends heimkehrenden Miether in Thätigkeit gesetzt werden kann und einige Minuten hindurch die Treppen nothdürftig erleuchtet.

Man kann nun sehr oft die Beobachtung machen, dass, so lange die Anlage noch neu ist und dieselbe jede Nacht nur ein bis zweimal gebraucht wird, die Sache einigermaassen gut funktionirt.

Sobald die Elemente jedoch älter sind und innerhalb kurzer Zeit öfter in Thätigkeit gesetzt werden, ist das Licht jedoch nicht mehr genügend, weil oft die Elemente absolut für diesen Zweck ungeeignet sind.

---

[1] Verfasser hat bereits versucht, in einigen seiner Werke kurz darauf hinzuweisen, wie z. B. im „Praktischen Handbuch des Elektrotechnikers" und in „Transportable Akkumulatoren".

Sieht man sich nun eine solche Beleuchtungsanlage genauer an, so findet man gewöhnlich irgend welche Leclanché-Elemente grösserer Form und ziemlich schwache Leitungen aus Haustelegraphendraht, die womöglich noch recht unsachgemäss verlegt sind, so dass ein grosser Theil der von den Elementen erzeugten Kraft bereits in den oft auch langen Leitungen verloren geht.

Das einzig praktisch brauchbare Element für obige Zwecke dürfte das verbesserte Kupferoxyd-Element nach Lalande oder das Kupron-Element sowie das Reform-Element sein, die ich an anderer Stelle beschrieben habe. Das Beste für Treppenbeleuchtung ist und bleibt freilich ein guter Akkumulator, der alle 2—3 Monate geladen werden kann.

Fragen wir nun, warum die meisten galvanischen Elemente für die Treppenbeleuchtung nicht geeignet sind. Sowohl das Leclanché-Element als auch die besten Trocken-Elemente können fortlaufend unterbrochenen Strom von 0,5—1,0 Ampère nicht abgeben, weil sie sich nicht schnell genug regeneriren können, die Polarisation vermindert Stromstärke und Spannung zu stark und die Zersetzungsprodukte überziehen die Oberflächen der Elektroden bald mit einer schlecht leitenden Schicht.

Es wohnen z. B. acht Familien im Hause, die alle die Treppenbeleuchtung benützen und welche jedesmal drei Minuten währt. Kommen die Miether in grösseren Zeitabständen heim, so haben die Elemente Zeit, sich zu regeneriren, wird jedoch die Anlage etwa in einer Viertelstunde drei- bis viermal in Anspruch genommen, so sind die Pausen zwischen den Beleuchtungszeiten zu kurz, die Batterie wirkt nicht mehr kräftig genug, so dass die Glühlampen kaum mehr Licht ausstrahlen.

Man könnte für solche Zwecke sich in der Weise helfen, dass man mit Bunsen- oder Meidinger-Elementen am Tage eine Akkumulatoren-Batterie ladet und diese Nachts für die Treppenbeleuchtung gebraucht. Hierzu sind jedoch Fachkenntnisse und einige Aufsicht erforderlich, worauf man in den meisten Privathäusern kaum rechnen kann. Man muss also entweder Akkumulatoren allein verwenden oder lieber auf eine elektrische Treppenbeleuchtung verzichten, falls Anschluss an ein Elektricitätswerk nicht möglich ist.

Da es also sehr wichtig ist, geeignete Elemente auszuwählen, so wollen wir nachstehend noch einige Punkte für verschiedene Verwendungsarten anführen.

Maassgebend für die Auswahl von Elementen sind die Stromstärke und die Zeit, während welcher Strom gebraucht wird. Die Spannung kommt weniger in Betracht, da man sie durch Hintereinanderschalten einer grösseren Anzahl von Elementen in weiteren Grenzen verändern kann.

Die Stromstärke ist, abgesehen von sonstigen Momenten, lediglich abhängig vom Widerstande im Stromkreise bezw. von der in demselben etwa vorhandenen elektromotorischen Gegenkraft; wo eine solche z. B. in Form von Induktionserscheinungen vorhanden ist, beträgt die Stromstärke oft nur $1/3 — 1/4$ von derjenigen, welche aus dem Widerstande von Leitungen, Apparaten und Elementen allein ohne Selbstinduktion entstehen würde. Die nachstehende Tabelle veranschaulicht das Gesagte wohl am besten. Verfasser hat in derselben Messungen zusammengestellt, welche an einer Anzahl elektrischer Glocken ausgeführt wurden. Die höhere Stromstärke unter dem Strich ist entstanden beim Festhalten des Ankers, die kleinere Stromstärke über dem Strich bei der Selbstunterbrechung des Kontaktes, und diese ist also maassgebend für den Betrieb.

Elektrische Wecker.

Type	Alte Form 2 Spulen	1 Spule 3 Pole	1 Spule mit Eisenmantel
Gewicht . . . . g	380	320	130
Preis . . . . Mk.	2,50	1,25	1,0
Stromverbrauch . . Ampère	0,4 / 1,2	0,2 / 0,8	0,18 — 0,25 / 0,8

Alle drei Wecker hatten Holzgehäuse und eine Glocke von 70 mm Durchmesser.

Die Stromstärke für die meisten Signal- und Telegraphen-Apparate beträgt 0,1 — 0,3 Ampère, nur ausnahmsweise dürfte sie bis zu 0,5 Ampère erforderlich sein.

Für andere Zwecke ist jedoch oft eine bei weitem höhere Stromstärke erforderlich. So bedarf man z. B., um feine kurze Drahtstücke glühend zu machen, für ärztliche Zwecke oder für Zündungen 4 — 10 Ampère, und grosse Funkeninduktoren benöthigen je nach Grösse 2 — 6 Ampère. Kleine Glühlampen brauchen 0,5 — 1,0 Ampère.

Ehe man also sich für irgend ein Element entscheidet, muss die erforderliche Stromstärke durchaus bekannt sein; ist diese unbekannt und nicht ganz sicher festgestellt, so muss sie mit einem geeigneten und richtigen Strommesser wiederholt und unter den verschiedensten Betriebsbedingungen gemessen werden.[1]

Unter einem geeigneten Messapparat verstehe ich hier einen solchen, dessen Skala noch $^1/_{10}$ Ampère abzulesen gestattet, und dessen Genauigkeit etwa $^1/_2$ % beträgt. Es sind also für solche Zwecke nur Präzisionsapparate mit guter Dämpfung des Zeigers zu gebrauchen. Billige Apparate sind für Messungen an galvanischen Elementen prinzipiell und absolut auszuschliessen. Wird es doch auch niemand einfallen, eine Waage zu verwenden, welche bei 100 g um 5 g falsch zeigt!

Die Zeit, während welcher Strom gebraucht wird, lässt sich in den meisten Fällen leicht ermitteln, es empfiehlt sich jedoch, in der Berechnung derselben vorsichtig zu sein und eher etwas mehr als zu wenig zu nehmen. Man muss ferner auch die Ruhepausen berücksichtigen, während welchen kein Strom gebraucht wird, da bei kurzem, aber sich oft wiederholendem Gebrauch mit kleinen Pausen oft viel Strom gebraucht wird.

Ein jedes Element giebt je nach seiner Grösse, d. h. nach seinem Inhalt an stromerzeugenden Stoffen, eine gewisse Strommenge ab. Es lässt sich also mit einiger Genauigkeit ermessen, wie lange etwa ein Element gebrauchsfähig sein wird.

Bei Elementen, wie z. B. das Leclanché-Element oder die Trocken-Elemente, welche auf längere Zeit nur dann gebrauchsfähig sind, wenn sie äusserst gering oder in Pausen beansprucht werden, sinkt die Leistungsfähigkeit bei dauerndem Gebrauch ohne Unterbrechung in wenigen Tagen so stark, dass sie ausser Betrieb gesetzt werden müssen. Giebt z. B. ein solches Element bei schwachem Strom und kurzen Stromschlüssen mit langen Pausen 50 Ampèrestunden in 1—2 Jahren ab, so leistet es bei dauernd geschlossenem Stromkreise und einer anfänglichen Stromstärke von 0,3 Ampère etwa nur den zehnten Theil, also ca. 5 Ampèrestunden. Es ist dann derartig erschöpft, dass es kaum mehr gebrauchsfähig ist. Nachstehende Tabellen mögen einen Anhalt für die Kapazität verschiedener Elemente geben.

---

[1] S. auch Internat. Zeitschr. f. d. Elektr. Ausstellung in Wien 1883, S. 267, A. Hartleben.

Kapacität galvanischer Elemente.
Trocken-Elemente („Galvanophor")[1])

Type	Grösse mm Höhe	Grösse mm Durchmesser	Gewicht g	Ampère-stunden	Innerer Widerstand Ohm	
M.	120	50	450	25	0,40	Anfangsspannung offen bei allen Typen 1,60 Volt
W.	130	70	780	30	0,35	
T.	140	75	1250	40	0,30	
S.	180	85	2000	50	0,20	
Nasse Elemente („Grom")						
T.	140	75	650	60	0,15	
S.	180	85	950	75	0,15	

Edison-Lalande-Element.[2])

Type	Ampère-Stunden	Grösse mm	Gewicht gefüllt kg	Zweck für
A.	15	65×185	0,875	kleines Telephon-Modell
C.	50	95×190	1,85	Telephon und Wecker
E.	150	135×210	3,85	kleines Telegraphen-Modell
G.	300	165×260	6,80	Western Union Telegr.-Mod.
K.	300	135×330	6,80	Phonograph
M.	600	190×390	17,85	Motor
P.	600	190×390	15,80	elektr. Licht
T.	900	215×415	22,00	elektr. Licht
F.	150	135×215	4,00	Cauterisiren.

Die Preise obiger Elemente A. bis F. betragen zwischen 5,50 bis 45 Mk., eine Batterie von 8 Elementen der Type F. kostet mit Kasten komplet 450 Mk. Die Klemmenspannung der Elemente ist anfangs 0,7, bei dauernder Beanspruchung 0,6 Volt pro Zelle. Wie Verfasser aus eigener Erfahrung weiss, sind sie für kleine Beleuchtung täglich einige Stunden sehr gut geeignet. — Der innere Widerstand der grösseren Typen beträgt etwa 0,025 Ohm. —

Wenn auch die Menge der in den Elementen enthaltenen stromerzeugenden Stoffe der theoretischen Berechnung nach so gross ist, dass sie bei weitem mehr leisten müssten, als die vorstehende Tabelle angiebt, so werden diese Stoffe thatsächlich nicht

---
1) Nach Angaben der Fabrik in Berlin.
2) Nach Angaben der Ansonia Electric Co. in Chicago; s. auch die Tabelle über Kupron-Elemente S. 22 d. B.

vollkommen ausgenützt bezw. durch nebenher stattfindenden Verbrauch verzehrt oder durch schädliche Zersetzungsprodukte unwirksam gemacht, so dass man die obigen Angaben etwa als die höchste Leistung unter günstigen Betriebsverhältnissen anzunehmen hat.

Unter den zahlreichen Konstruktionen von galvanischen Elementen sind nur sehr wenige allgemein im praktischen Gebrauch und sollen nur diese hier berücksichtigt werden.

Für schwache Ströme bis zu 0,25 Ampère sind die Zink-Kupfer-Elemente nach Meidinger, Callaud, Krüger, das amerikanische Element (Crowfoot gravity battery) bei geschlossenem Stromkreis (Ruhestrom) in Gebrauch, besonders bei Staats- und Eisenbahntelegraphen, während man für unterbrochenen Strom für Haustelegraphen- und Telephonanlagen Zink-Kohle-Elemente nach Leclanché, Barbier, Fleischer und die verschiedenen Trocken-Elemente verwendet und zwar bei Stromstärken bis zu 0,3 Ampère.[1])

Für stärkere Ströme bis 0,5 — 1,0 Ampère eignen sich ganz vorzüglich die Elemente nach Lalande bezw. Edison-Lalande und die Kupron-Elemente, von denen die grössten Typen bis zu etwa 15 — 30 Ampère beansprucht werden können. — Bunsen-Elemente waren früher für 1 — 2 Ampère auch viel in Gebrauch, da man sie jedoch alle 1 — 2 Tage neu zusammensetzen muss, so beschränkt sich deren Anwendung nur noch auf Experimente in den Schulen, und auch in diesen wendet man heute, wenn irgend möglich, Akkumulatoren fürs Laboratorium an.

Für ärztliche Zwecke, zu vorübergehendem Gebrauch, sind auch noch die Tauchbatterien mit Chromsäure in Anwendung.

Die Verwendung grosser Tauchbatterien und überhaupt von Elementen für stärkere Ströme wird sich jedoch auf solche Fälle beschränken, bei denen die Anwendung von Akkumulatoren unmöglich oder nicht ökonomisch ist. Im allgemeinen sind galvanische Elemente für stärkere Ströme in Anschaffung und Betrieb ziemlich kostspielig.

Die nachstehenden Angaben über Materialverbrauch und Betriebskosten werden eine ungefähre Vorstellung vom oben Gesagten geben.[2])

---

1) Das Reform-Element steht zwischen den eben aufgeführten nassen und den nachstehenden Elementen.
2) Nach Dr. A. Neuburgers „Kalender für Elektrochemiker", M. Krayn, Berlin 1898.

Das Krüger'sche Element der deutschen Reichs-Telegraphen-Verwaltung verbraucht
für 1 Ampèrestunde

	Kupfervitriol	Zink
theoretisch	4,66 g	1,213 g
thatsächlich	37,2 g	27,7 g.

Kosten einer Pferdekraftstunde.
Theoretisch berechnet bei mittlerem Preise der Materialien und etwa 60% Güteverhältniss, verfügbar im äusseren Stromkreise.

Element	Mark
Daniell	2,60
Grove	1,70
Bunsen	2,40
Chromsäure	3,40
Leclanché	4,20
Lalande	6,00

Dagegen kostet mit Dynamomaschinen erzeugte elektrische Kraft die P.S.-Stunde 10—20 Pf.!

Rechnet man, dass ein Meidinger-Ballon-Element, welches mit einer Füllung 6 Monate in beständigem Stromschluss steht, 0,1 Ampère abgiebt, so macht das in 24 Stunden 2,4 Ampèrestunden täglich, oder in 180 Tagen 432 Ampèrestunden, oder bei einer mittleren Klemmenspannung von 0,9 Volt 388,8 Wattstunden, also etwa $1/2$ P.S.-Stunde, wozu ca. 2 kg Kupfervitriol und 500 g Zink verbraucht werden, die zusammen etwa 1,20 bis 1,50 Mk. kosten.

Sonstige Rücksichten für die Auswahl von Elementen erfordert vor allem der Gebrauchszweck, die Verwendungsart. Man muss also zunächst darauf achten, ob die Batterie fest stehen oder transportabel sein soll; ob sie einige sachgemässe Wartung haben kann oder völlig von Laienhänden betrieben wird.

Für transportable Batterien wird man, wenn es irgend möglich ist, Trocken-Elemente wählen, während man zu stationären Batterien sehr oft nasse Elemente gebrauchen kann.

Für die Zwecke der Haustelegraphie sind z. B. meistens nasse Elemente in Gebrauch, obgleich hier Trocken-Elemente viel eher am Platze wären. — Die kleinen Installateure verwenden jedoch mit Vorliebe nasse Leclanché- oder Braunstein-Elemente, weil an diesen öfters Nachhilfe erforderlich ist und sie hierdurch fortlaufend verdienen, während Trocken-Elemente keiner Wartung bedürfen.

Sind die Leitungen mangelhaft verlegt, sind Nebenschlüsse vorhanden, welche die Batterie dauernd beanspruchen, so sind Trocken-Elemente bald verbraucht, während nasse Elemente sich leicht wieder regeneriren lassen.

Für transportable Telegraphen- und Telephon-Apparate, welche z. B. für militärische Zwecke oft sehr stark beansprucht werden, ist man gezwungen, gut verschlossene nasse Elemente event. mit eingedicktem Elektrolyten zu verwenden, so dass abgenützte Theile bezw. der verbrauchte Elektrolyt leicht ersetzt werden können. Ist z. B. im Felde kein Elektrolyt, wie er vorgeschrieben ist, zur Hand, so wird man mindestens etwas Kochsalz auftreiben können, das sich für viele Elemente ganz gut eignet, auch Salmiak dürfte an vielen Orten zu erhalten sein, der Zink besser noch als Kochsalz in der Elektrolyse auflöst und daher stärker wirkt.

Zum Schluss dieses Kapitels möge noch eine kleine Tabelle folgen, welche zeigt, wie die Stromstärke bei Reihenschaltung mehrerer Elemente bei gleichem Widerstande wächst.

Elemente hintereinander	Ohm äusserer Widerstand[1]		
	7,5	5	2,5
	Stromstärke Ampère		
1	0,2	0,27	0,475
2	0,35	0,5	0,9
3	0,525	0,75	1,025
4	0,7	0,95	1.5

Aus obiger Tabelle geht also hervor, dass, wenn man bei einem gewissen Widerstande des Stromkreises zuviel Elemente einschaltet, die Stromstärke über das zulässige Maass steigen kann und hierdurch ein schneller Verbrauch der Elemente stattfinden muss.

Hat man sich für eine bestimmte Sorte von Elementen entschlossen, so sollte man bei vielem Gebrauch eine möglichst grosse Type verwenden, während bei langen Pausen eine mittlere Type genügt. Ganz kleine Elemente sollte man nur für Messungen oder bei Mangel an Raum anwenden. —

In den voraufgegangenen Abschnitten haben wir nun die verschiedenen Konstruktionen von Elementen und die Fabrikation sowie Auswahl derselben kennen gelernt. Wir kommen jetzt zu einem neuen nicht minder wichtigen Kapitel, nämlich zur

---

[1] Aus „Praktisches Handbuch des Elektrotechnikers" von Johannes Zacharias, Hartleben-Wien.

IV. Untersuchung galvanischer Elemente.

In einem Buche, das wie dieses lediglich der Praxis gewidmet ist, können auch nur Untersuchungsmethoden besprochen werden, wie sie jeder Elektrotechniker mit einigen wenigen und einfachen Apparaten ausführen kann.

Wer sich für sehr genaue und wissenschaftliche Untersuchungen interessirt, findet in verschiedenen Werken sehr ausführliche Angaben hierüber.[1])

Die sog. „konstanten Grössen der galvanischen Elemente", Spannung und innerer Widerstand sind, wie gesagt, durchaus nicht konstant, sondern sie sind Funktionen der Stromstärke bezw. der Zeit, während welcher die Elemente thätig sind. Selbst die Spannung längere Zeit offenstehender Elemente ist nicht konstant, sie sinkt sehr allmählich bei längerem Stehen.[2]) Die Stromstärke ist abhängig von dem Gesammtwiderstande des Stromkreises, und da sich der innere Widerstand von den meisten Elementen mit der Temperatur ändert, auch abhängig von dieser.

Der Einfluss der Temperatur ist bei nassen Elementen viel grösser als bei Trocken-Elementen, weil bei einem ganz flüssigen Elektrolyten das Wasser mehr oder weniger Salze löst bezw. am Boden absondert, während bei einer Füllung z. B. mit Sägemehl eine Aenderung der Konzentration von Salzlösungen schon viel langsamer vor sich gehen wird, und bei teigartigen Elektrolyten, wie z. B. Gypspaste, eine Aenderung der Konzentration überhaupt kaum eintreten kann. —

---

1) Z. B. „Eine neue Methode zur Untersuchung arbeitender Batterien" von Ludwig von Orth, Centralblatt für Elektrotechnik S. 345, 1888. Ferner in „Die Primär-Elemente" von Henry S. Carhart, übersetzt von Dr. Paul Schoop, Wilhelm Knapp, Halle a. S., sowie in Streckers Handbuch und Uppenborns Kalender.

2) Gute Trocken-Elemente verlieren bei ruhigem Stehen in einem Jahre etwa 0,03—0,05 Volt ihrer Anfangsspannung, vorausgesetzt natürlich, dass sie nicht gebraucht wurden.

Um also die Eigenschaften eines Elementes, sein Verhalten beim Betriebe kennen zu lernen, giebt es nur den einen Weg, es in Thätigkeit zu setzen und fortlaufend Spannung, Stromstärke und inneren Widerstand zu beobachten. Charakteristisch für die Güte eines Elementes ist ausserdem noch die Depolarisation oder die Geschwindigkeit, mit welcher der entwickelte Wasserstoff beseitigt wird. Man gewinnt hierüber ein Urtheil, wenn man beim Ablesen der Arbeitsspannung den Stromkreis einen Moment öffnet und wieder die Spannung abliest. Man wird dies jedoch nur dann thun, wenn es sich um noch unbekannte Fabrikate handelt. In den meisten Fällen wird man nur vergleichende Messungen bezüglich der Spannung und Stromstärke machen.

Da ferner die Untersuchung der Elemente entsprechend dem praktischen Gebrauch zu viel Zeit kostet, so begnügt man sich vielfach damit, sie dauernd durch einen Widerstand von 1—5 oder 10—100 Ohm zu schliessen und in bestimmten Zeitabständen die verlangten Grössen abzulesen.

Bei den heutigen Präzisionsinstrumenten, wie sie zuerst Weston auf den Markt gebracht, ist das Ablesen von Spannung und Stromstärke mit grosser Genauigkeit ganz einfach. Auch die Bestimmung des inneren Widerstandes offener Elemente lässt sich mit der Telephonbrücke nach Kohlrausch leicht bewirken. Die Bestimmung des inneren Widerstandes von Elementen in geschlossenem Stromkreise geschieht, wie wir später sehen werden, am einfachsten indirekt.

Handelt es sich um Messung einer ganzen Anzahl von Zellen, so bedarf man noch eines praktischen Umschalters, um schnell die Apparate abwechselnd mit den einzelnen Elementen verbinden zu können.

Zweck der Untersuchung.

Seit langen Jahren haben sich Gelehrte und Techniker darin versucht, absolut sichere und einwandfreie Methoden ausfindig zu machen, welche eine genaue Bestimmung des inneren Widerstandes galvanischer Elemente gestatten, weil der Bestimmung des wahren Widerstandes die Polarisation gewisse Schwierigkeiten bereitet. Man hat jedoch dabei übersehen, dass der „wahre" innere Widerstand eines galvanischen Elementes weder praktisches Interesse hat, noch im Betriebe vorkommt, dass seine Bestimmung also werthlos, ja noch mehr als werthlos ist und zu falschen Ansichten führt: Es giebt, wie schon erwähnt, Elemente, welche bei geringem „wahren" inneren Widerstande, beim Gebrauch so stark Gase entwickeln, dass ihr „scheinbarer" innerer Widerstand bedeutend höher wird als der zuvor gemessene „wahre" ist. Der wahre innere Widerstand giebt also zur Beurtheilung eines Elementes überhaupt gar keinen Anhaltspunkt, denn er existirt nur in der Phantasie, nicht aber in einem im Betrieb befindlichen Element, dessen „scheinbarer innerer Widerstand" mit von der Grösse der Polarisation abhängig ist. (Insofern ist das Prüfen von Elementen durch Kurzschluss mit einem Ampèremeter nur von geringem Werth, da es auf die Güte der Depolarisation keinen sicheren Schluss zu ziehen gestattet.)

Dieser scheinbare innere Widerstand ist aber ausserdem auch noch in hohem Maasse abhängig von der Geschwindigkeit der Depolarisation und von der Temperatur des Elementes resp. des Elektrolyten, weil der Widerstand einer Salzlösung mit von der Temperatur abhängt, da die Konzentration, wie oben ausgeführt, sich mit der letzteren ändert. Des weiteren ist bei Trocken-Elementen die Konstruktion und Füllung der Zelle von Einfluss auf die Absorption und das Entweichen der Gase, ebenso die Dichtigkeit der depolarisirenden Elektrode. Kurz, es spricht hier eine ganze Reihe von Faktoren noch mit, die bisher gar nicht berücksichtigt wurden, die jedoch einen fortwährend wechselnden scheinbaren Widerstand bedingen.

Zur Beurtheilung eines Elementes interessirt also nur die Kenntniss des scheinbaren Widerstandes und auch diese nur insofern, als ein Element von geringem scheinbaren Widerstande mehr Strom abgeben kann, als ein solches von höherem Widerstande.

Die Messung des inneren Widerstandes ist im Betriebe schwer durchführbar, während die Strommessung sehr leicht ist. Aber auch die Stromstärke zu bestimmen ist nur nöthig bei einem noch unbekannten Fabrikat. Hat man jedoch Elemente vor sich, von denen man weiss, dass sie nicht stark polarisirende Gase entwickeln, die also richtig konstruirt sind, mit gut wirkendem Depolarisator, so genügt es, die Elemente auf einen konstanten, passenden Widerstand dauernd zu entladen und dabei fortlaufend die Spannung zu beobachten, alsdann die Entladung zu unterbrechen und die Erholung zu beobachten. Elemente, die sich nicht schnell erholen, sind minderwerthig, sind falsch konstruirt, sie haben einen hohen inneren Widerstand, ob aber der wahre, der scheinbare oder beide hoch sind, ist völlig gleichgültig für den gewöhnlichen

Sterblichen — ja selbst „wenn Gelehrte streiten". — Das Ding taugt nichts für die Praxis, wenn es auch ein interessantes Streitobjekt sein mag.

Es giebt Trocken-Elemente, die sich in der Ruhe zwar schnell erholen, jedoch im Stromschluss ebenso schnell wieder abfallen, während ein gutes, richtig zusammengesetztes Trocken-Element im Stromschluss sehr allmählich in der Spannung zurückgeht, aber schnell sich in der Ruhe erholt.

Was nun die praktische Seite in der Fabrikation von Trocken-Elementen anbetrifft, so muss man sich wundern, dass noch keine Fabrik die Preise nach der Kapacität der Zellen gestellt hat. Akkumulatoren verkauft man nur nach ihrer Kapacität, Trocken-Elemente nach der Grösse der äusseren Zelle, obgleich mitunter die grösseren Zellen keine bedeutendere Mehrleistung haben als die kleineren.

Welches Missverhältniss hierdurch unter Umständen entsteht möge folgendes Beispiel aus der Praxis zeigen: Zwei Elemente von gleicher Grösse und gleichem Preise wurden auf ihre Leistungsfähigkeit geprüft, das eine gab 50 das andere 5 Amperestunden, so dass das minderwerthige um das Zehnfache zu theuer bezahlt war! Hierbei ist der Spannungsabfall noch gar nicht berücksichtigt, wollte man nach Voltampère die Bezahlung bemessen, so würde sich das Verhältniss noch viel ungünstiger stellen.

Um die Leistung von galvanischen Elementen verschiedenen Ursprungs korrekt zu vergleichen, sollte man nicht nur an Elementen etwa gleicher Grösse und gleichen Gewichtes vergleichende Messungen machen, sondern man sollte Preis und Oberfläche der Elektroden mit in Rücksicht ziehen. Dasjenige Element, welches bei einer gewissen Elektrodenfläche die grösste Leistung ausgiebt und per ausgegebene Wattstunde am wenigsten kostet ist das beste und billigste.

Wenn z. B. zwei Elemente von etwa gleicher Grösse und etwa gleichem Gewicht verglichen werden und das erste leistet dreimal mehr als das zweite, ist aber etwas theurer, so ist es immerhin doch das billigere im Betriebe. Dies ist besonders sehr wichtig bei Trocken-Elementen, welche nicht regenerirt werden können.

So lange allerdings die meisten Haustelegrapheninstallateure nicht mit guten geeigneten Messinstrumenten die Trocken-Elemente prüfen, sondern nur mit der ersten besten elektrischen Glocke untersuchen und „nach deren Klange urtheilen", so lange kann man nicht erwarten, dass die Fabrikanten von der bisherigen Praxis abweichen werden. Mit dem Augenblick, wo jeder, der Trocken-Elemente installirt, nach gemessenen Grössen bezahlt und nicht nach dem Augenmaass und dem Gefühl, werden alle Fabrikate von der Bildfläche verschwinden, die nur auf Unwissenheit ihre Existenz gründen.

Vor allen Dingen sollte man endlich alle diejenigen Elemente von jeglicher Verwendung ausschliessen, welche schon in der Ruhe Zink verbrauchen und in starkem Grade unlösliche Zinksalze bilden. Hierher gehören z. B. alle diejenigen Trocken-Elemente, welche im Elektrolyten Chlorammonium (Salmiak) enthalten.

Kehren wir jedoch zurück zur Untersuchung der Elemente und den dazu erforderlichen Apparaten und Untersuchungsmethoden.

Die Apparate.

Als Spannungsmesser wie auch als Strommesser sollte man nur Präzisionsinstrumente von bekannter Güte verwenden, wie es z. B. diejenigen der Weston Company in Newark sind. Die Apparate sollen directe Ablesung haben und deren Skala in $1/10 - 1/100$ Volt bezw. Ampère getheilt sein. Die Skala des Spannungsmessers soll bis 2—3 Volt, diejenigen des Strommessers bis 15—20 Ampère etwa gehen.

Will man sehr genau messen, so wendet man Apparate an, welche noch einzelne Hundertstel oder etwa zweitausendstel Theile abzulesen gestatten, wozu man vielfach einen Millivoltmesser mit Vorschaltwiderstand für Spannungsmessung und mit Nebenschluss für Strommessung gebraucht. Zwei getrennte Apparate für Volt und Ampère sind vorzuziehen. Für's Laboratorium eignet sich auch die grosse Schaltbrettform mit feiner Skala, welche billiger ist als die kleine transportable Form. Da die Einrichtung dieser Apparate sehr einfach ist und allgemein bekannt sein dürfte, so wollen wir auf eine nähere Beschreibung derselben hier verzichten.

Weniger bekannt dürfte der Apparat zum Messen des inneren Widerstandes von Elementen sein.

Die Brücke von Kohlrausch.

Das Messen von Widerständen elektrolytischer Zellen kann nicht in der gleichen Weise bewirkt werden wie bei Drähten, weil durch den Stromschluss sofort eine Gegenkraft entsteht. Man hat daher neuerdings Wechselströme für diese Zwecke verwendet und gebraucht an Stelle des Gavanometers ein Telephon. Im übrigen ist die Schaltung des Apparates analog wie bei der Wheatstone'schen Brücke. Die Brückenschaltung ist in Fig. 52 wiedergegeben, worin r_3 die Vergleichswiderstände und x den zu messenden Widerstand bedeutet. B bezw. B_a (Fig. 53) ist die Batterie, T das Telephon, K der Stromschluss durch eine Taste; r_1 und r_2 sind die auf einem ausgespannten Platindraht veränderlichen Theile. Eine Skala unter diesem Draht gestattet die direkte Ablesung des Widerstandes in Ohm.

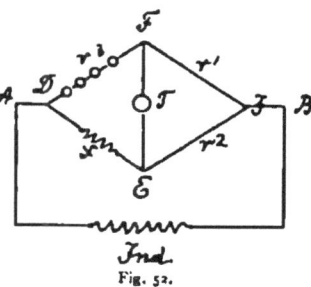

Die Gleichung der Brücke ist

$$\frac{r_1}{r_2} = \frac{r_3}{x} \text{ und hieraus}$$

$$x = r_3 \times \frac{r_2}{r_1} \text{ oder}$$

$$= \text{ der Ablesung} \times r_3.$$

Fig. 52.

Da r_3 aber der Vergleichswiderstand ist, so hat man also den an der Scala abgelesenen Widerstand zu multipliziren mit dem Vergleichswiderstande, welcher durch Herausziehen des zugehörigen Stöpsels eingeschaltet ist.[1])

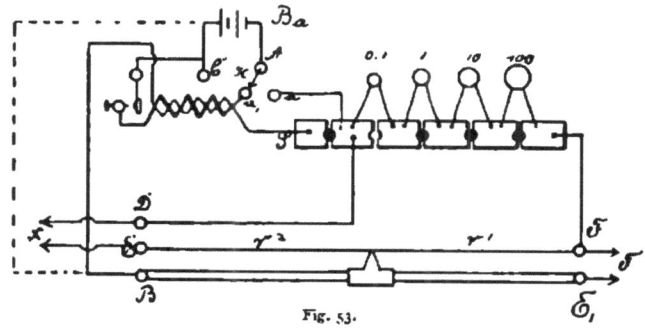

Fig. 53.

Die Drahtverbindungen, wie sie am Apparat in Wirklichkeit ausgeführt werden, sind in der Fig. 53 dargestellt.

Zur Untersuchung von Trocken-Elementen sind folgende Verbindungen auszuführen.[2])

---

1) Die Telephonbrücken nach Professor Kohlrausch werden von Hartmann & Braun in Bockenheim gefertigt, welche auch sehr genaue Brücken nach Wheastone-Kirchhoff liefern.
2) Nach der jedem Apparat beigefügten Gebrauchsanweisung der Fabrik.

Die aus etwa zwei Elementen bestehende Batterie ist mit A und C zu verbinden, das Telephon wird bei F und E_1, das zu untersuchende Element bei D und E_1 eingeschaltet.

Da der Widerstand der gewöhnlichen Trocken-Elemente zwischen 0,15—0,3 Ohm liegt, so zieht man den Stöpsel für den Vergleichswiderstand 0,1 heraus und schiebt die Taste K auf den Knopf a'. Zuvor hat man den Schieber bereits auf den Widerstand von etwa 0,3 Ohm gestellt, so dass nur wenig an demselben zu verändern ist. Man schiebt so lange hin und her, bis der vom kleinen Induktionsapparat links bei C erzeugte Ton ganz verschwindet oder dieser am geringsten ist.

Wenn man mit wechselnden Polen das zu untersuchende Element misst, gelingt es meistens, das Telephon zum Schweigen zu bringen.

Erste Bedingung für derartige Messungen ist absolute Ruhe in der Umgebung. Man thut auch gut, das Summen des Induktors durch einen kleinen Kasten über demselben zu dämpfen, oder den Induktor in einen Nebenraum mit der Batterie zu verlegen, wie dies bei der grossen Kirchhoff'schen Brücke bereits von der Fabrik aus eingerichtet ist.

Will man mit der Brücke nach Kohlrausch auch Drahtwiderstände messen, so ist an Stelle des Telephons ein empfindliches Galvanometer bei F und E_1 einzuschalten (in Fig. 53) und der Batteriedraht von C nach B zu verlegen. Die Taste K wird dann auf den Knopf a kurz niedergedrückt. Der Stöpsel S ist vorher herauszuziehen, wodurch die Windungen des Induktors ausgeschaltet werden, bleibt derselbe aus Versehen stecken, so ist die Messung ungenau, weil die sekundären Windungen des Induktors dann einen Nebenschluss bilden.

Die indirekte Bestimmung des inneren Widerstandes

bei Elementen, welche im Betriebe bezw. in geschlossenem Stromkreise sich befinden, geschieht in der Weise, dass man zunächst die Spannung des Elements bei offenem Stromkreise misst und dann die Stromstärke und Spannung bei geschlossenem Stromkreise bei verschiedenen Stromstärken beobachtet. Es ist dann der innere Widerstand

$$W = \frac{E - E'}{J}$$

worin E die Spannung offen, E' die Spannung bei der Stromstärke

J bedeutet.[1]) Der äussere Widerstand braucht hierbei gar nicht bekannt zu sein.

Bei Entladung mit einem konstanten, bekannten Widerstand kann man die Stromstärke auch in der Weise berechnen, dass man nach dem Ohm'schen Gesetz rechnet $J = \frac{E}{W}$, doch ist dabei W gleich dem äusseren plus dem inneren Widerstande und letzterer ist ohne Kenntniss der Stromstärke nicht zu bestimmen.

Man müsste ihn also vernachlässigen, falls er sehr gering ist, anderenfalls ist die Bestimmung der Stromstärke ungenau. Andererseits ist es auch nicht ganz korrekt die Klemmenspannung des Elements gleich der Klemmenspannung am konstanten Widerstande zu setzen, da der letztere zufolge Verlustes in den Verbindungsdrähten etwa 0,01 — 0,02 Volt geringer sein wird. Es ist also jedenfalls korrekter die Stromstärken abzulesen und nicht zu berechnen. Wendet man dagegen etwa 1,5 mm starke und sehr kurze Drähte zur Verbindung der Elemente mit den Widerständen an, so kann man praktisch die Klemmenspannung des Elements gleich derjenigen am Widerstand nehmen und die Stromstärke gleich der Klemmenspannung getheilt durch den äusseren Widerstand setzen.

Die Widerstände,

welche zur Entladung in den Stromkreis des zu untersuchenden Elements eingeschaltet werden, können bis zu etwa 0,3 Ampère aus doppelt mit Seide besponnenem Neusilberdraht oder Nickelindraht bestehen, der in passender Länge von 5, 10, 50 und 100 Ohm auf kleine Spulen gewickelt ist.

Für grössere Stromstärken von 0,5 — 1,5 Ampère sollte man blanke Drahtspiralen frei ausgespannt gebrauchen, damit sie sich leicht abkühlen können. In den meisten Fällen wird man mit blanken Spiralen von 1 Ohm Widerstand auskommen. Beim Einschalten eines solchen Widerstandes beträgt die Anfangsstromstärke bei Trocken-Elementen gewöhnlich nicht über 1,35 Ampère, bei nassen Elementen besserer Konstruktion nicht über 1,58 Ampère.

Hat man für kleinere Stromstärken keine passenden Drahtwiderstände zur Hand, so kann man sich leicht solche auch aus grösseren Ringen von gewöhnlichem Haustelegraphendraht herstellen, dessen Widerstand man auf die gewünschte Ohmzahl mit Hilfe der Brücke abgleicht.

---

[1] S. Prakt. Handbuch des Elektrotechnikers S. 226 von Joh. Zacharias Wien 1895.

Die Schaltungen.

Ein transportables Schaltbrett, wie es für die gewöhnliche Untersuchung von Elementen sehr bequem ist, zeigt Fig. 54, dasselbe ist für vier gleichzeitig zu untersuchende Elemente eingerichtet und gestattet Stromstärke und Spannung der Elemente schnell hintereinander abzulesen. Da der Strommesser erst im Moment der Ablesung eingeschaltet wird, so muss man eine kleine Korrektion anbringen, da die Stromstärke entsprechend dem Wider-

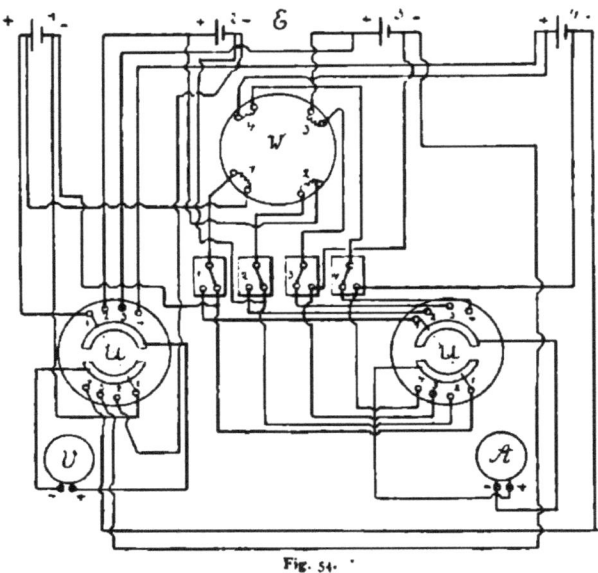

Fig. 54.

stande des Instruments etwas geringer wird, oder man muss die Stromstärke aus dem äusseren Widerstande und der Spannung berechnen. Sind die Drahtverbindungen stark genug, so kann man die Spannung des Elements gleich der Spannung an der Widerstandsspule setzen. Der Fehler, den man hierbei macht, beträgt höchstens 0,01 Volt, was bei technischen Messungen kaum mehr in Betracht kommt.

Aehnlich verhält es sich beim Ablesen der Spannung. Die heutigen Präzisionsinstrumente haben selbst für Spannungen von 2 Volt einen so hohen Widerstand (500—600 Ohm), dass die Erhöhung der Stromstärke durch den Voltmeter praktisch kaum in Betracht kommt. Da dieselbe höchstens $1/50$ Ampère beträgt, meistens jedoch noch viel geringer ist, und da es sich in den meisten Fällen um schnelle, vergleichende Messungen handelt, so kann man füglich auf die grosse Genauigkeit verzichten.

Auch bei der Bestimmung der Polarisation begeht man einen Fehler, wenn man einen Moment den Stromkreis öffnet und die Spannung abliest. — Bei Trocken-Elementen, welche längere Zeit entladen werden, geht jedoch das Ansteigen der Spannung nicht so schnell vor sich, dass man bei einiger Uebung und schnellem Arbeiten nicht einigermaassen brauchbare Resultate erhalten könnte.

Will man genauer verfahren, so berechnet man aus der elektromotorischen Kraft und aus dem Widerstand des Elements die Spannung für den Nutzwiderstand. Die Differenz der abgelesenen gegen die berechnete Spannung ergiebt dann die Polarisation.[1]

Das Fig. 54 abgebildete Schaltbrett enthält vier zweitheilige Umschalter U, die entweder zum Oeffnen des Stromkreises oder zum Einschalten des Widerstandes bezw. des Strommessers dienen.

Von den runden Umschaltern wird der linke zur Verbindung des Spannungsmessers, der rechte zum wechselnden Einschalten des Strommessers auf eins der vier Elemente gebraucht. Dem entsprechend ist der Spannungsmesser V links, der Strommesser A rechts anzuschliessen. Die Widerstandsspulen W sind in der Mitte auf einem gemeinsamen Brett angeordnet. Die Elemente sind mit den Ziffern 1 bis 4 bezeichnet. Die Schaltung befindet sich auf einem Brett von etwa 50 × 30 cm Grösse, so dass die ganze Einrichtung sehr handlich und leicht transportabel ist.

Um den inneren Widerstand der Elemente während der Untersuchung mit der Brücke zu messen, ist an dem vorbeschriebenen Schaltbrett keine besondere Einrichtung getroffen. Wenn man jedoch die Stromstärke nicht direkt ablesen, sondern berechnen will, so kann die Brücke an Stelle des Strommessers A mit dem rechten runden Umschalter verbunden werden.

Für genauere und vielseitige Untersuchungen bedarf man eines grösseren Schaltbrettes, wie es in Fig. 55 abgebildet ist.[2]

Der Umschalter besteht hier aus einer Anzahl sich kreuzender, von einander isolirter Schienen, von denen die senkrechten zwischen je zwei horizontalen Schienen durch Stöpsel sich unterbrechen lassen.

---

[1] S. hierüber Uppenborns Kalender und Elektrotechnische Zeitschrift, 1890, S. 421.
[2] Nach Angaben des Herrn Dr. v. Wurstemberger für ein hiesiges Laboratorium konstruirt.

An den senkrechten Schienen sind unten die Elemente und oben die Widerstandspulen angeschlossen; die Messinstrumente sind mit je zwei der horizontalen Schienen verbunden und zwar ein Strom- und ein Spannungsmesser, eine Wheatstone'sche Brücke zur Bestimmung des Widerstandes der Zuleitungsdrähte und der Nutzwiderstände bezw. Drahtspulen, sowie eine Telephonbrücke für die Bestimmung des inneren Widerstandes der Elemente. Durch Einsetzen bezw. Herausziehen der entsprechenden Stöpsel kann jedes beliebige Element mit einem der genannten Apparate schnell verbunden oder ausgeschaltet werden. Die ganze Einrichtung ist so übersichtlich, dass ein Versehen nicht leicht eintreten kann.

Um auch die an das Schaltbrett angeschlossenen Elemente im Kurzschluss prüfen zu können, ist die einzelne Schiene unter dem Umschalter nach rechts mit einer horizontalen Schiene durch eine starke Leitung verbunden, so dass durch Einsetzen der entsprechenden Stöpsel der Strommesser A mit jedem Element direkt zusammengeschaltet werden kann.

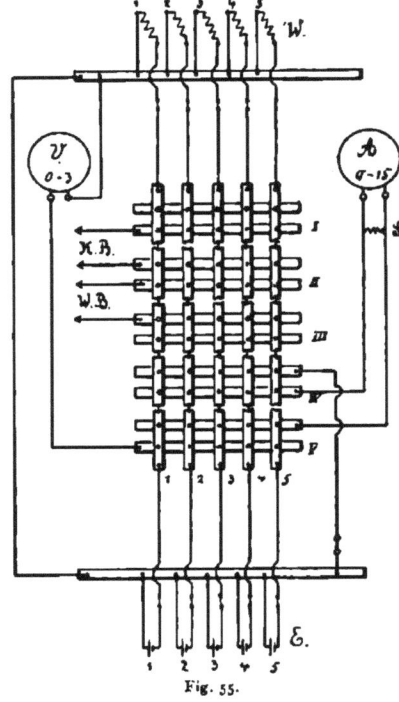

Fig. 55.

Die Leitungen nach K führen zur Brücke für die Bestimmung des inneren Widerstandes, die Drähte nach W zur Brücke für das Messen der Leitungen und Drahtwiderstände. An jedem Kreuzungspunkt der senkrechten mit den horizontalen Schienen kann ein Stöpsel zur Verbindung beider eingesetzt werden.

Bei Elementen, deren Eigenschaften man noch nicht kennt, thut man gut in der ersten halben Stunde möglichst oft abzulesen, da das schnelle oder langsame Sinken der Anfangsspannung charakteristisch für die Güte eines Elements ist und schon in kürzester Zeit dem Geübten ein ungefähres Urtheil erlaubt. Dies ist jedoch nur möglich, wenn man sehr schnell und sicher die verschiedenen Schaltungen ausführt, so dass jeder Fehler, jeder Missgriff vermieden wird.

Um dies zu können, muss man jedoch nicht allein eine gewisse Fertigkeit und Fixigkeit besitzen, sondern man muss auch die Konstruktion der Apparate und die Prinzipien derselben ganz genau kennen, so dass man stets in der Lage ist, jedem etwa eintretenden Fehler, jeder abnormen Erscheinung sofort zu begegnen oder abhelfen zu können. Wer gedankenlos die einmal erlernten Manipulationen ausführt und keine eingehenden elektrotechnischen Kenntnisse besitzt, wird selten zuverlässige Messungen ausführen können, messen und messen ist zweierlei, selbst wenn es sich auch nur um vergleichende Messungen und um keine absoluten Grössen handelt.

Die Untersuchung.

Nachdem wir die Apparate und ihre Handhabung kennen gelernt haben erübrigt es, noch einiges über die eigentliche Untersuchung selbst zu sagen.

Um die Ampèrestunden bezw. die Wattstunden aus den gewonnenen Ablesungen leicht berechnen zu können, pflegt man die Ablesungen in bestimmten gleichen Zeitabschnitten von 15—60 Minuten vorzunehmen. Bei bekanntem Fabrikat genügen grössere Zwischenräume zwischen den einzelnen Ablesungen, bei unbekannten Elementen thut man gut, alle 10—15 Minuten wenigstens in den ersten 12 Stunden abzulesen.[1]

Unter allen Umständen empfiehlt es sich, die abgelesenen Grössen als Kurven auf Millimeter-Papier aufzutragen. Man gewinnt auf diese Weise einen übersichtlichen Vergleich der untersuchten Elemente und findet etwaige Ablesungsfehler mit Sicherheit heraus.

Man trägt den Abfall der Klemmenspannung, die Stromstärke, den inneren Widerstand und die Polarisation eventuell in dieselbe Tafel ein. Da jedoch die Polarisationskurve stets tiefer liegt als die Kurve für den Spannungsabfall und beide Kurven im allgemeinen parallel zu verlaufen pflegen, so genügt es, die Polarisation an 3 bis 4 Punkten des ganzen Verlaufs der Untersuchung festzustellen. Wir werden an späteren praktischen Beispielen einige charakte-

---

[1] Beispiele befinden sich in den Tabellen am Schluss des Werkes. Sehr gute Dienste leistet bei solchen Untersuchungen ein registrirender Spannungsmesser.

ristische Kurven verschiedener Elemente kennen lernen, welche das Gesagte leichter verständlich machen werden.

Als „Charakteristik" die Polarisationskurve zu betrachten, wie es Herr Dr. Paul Schoop in seinem mehrfach genannten Werke thut, möchte Verfasser nicht beipflichten, es dürfte eine andere, viel charakteristischere Kurve geben, welche auf den ersten Blick gestattet, sich ein Urtheil über den Werth bezw. die Leistung eines Elements zu bilden, und deren Verlauf im allgemeinen mit ziemlicher Genauigkeit aus sehr wenigen Messungen konstruirt, ja die bei bekanntem Fabrikat bereits aus einer einzigen Messung gezeichnet werden kann.

Es ist dies die Wattkurve bei der Entladung mit konstantem äusseren Widerstande von 5 Ohm. Ob diese Behauptung allgemeine Gültigkeit hat oder nur für gewisse Elemente zutrifft, konnte Verfasser noch nicht prüfen, jedenfalls stimmt die Sache sowohl für verschiedene Typen derselben Fabrik als auch für das Produkt verschiedener Fabriken.

Bei den Erzeugnissen von drei verschiedenen Fabriken, deren Elemente durchaus in Konstruktion und Chemismus voneinander abweichen, geht die Wattkurve zwischen 1,0 und 1,1 Volt Spannungsabfall und 0,18—0,185 Ampère beinahe durch denselben Punkt und verläuft dann in fast derselben Richtung, während bis zum Abfall von etwa 1,0 Volt vom Beginn der Entladung einige Abweichungen stattfinden. Die Anfangspunkte der Wattkurven liegen natürlich verschieden je nach Grösse und Ursprung der Elemente, wie dies in Fig. 56 zu ersehen ist.

Bei den Elementen einer vierten Fabrik, welche ein vorzügliches Produkt liefert, verläuft die Wattkurve zwar in analoger Weise, liegt jedoch ein Stück weiter nach rechts.

Ueber die Beurtheilung der Elemente nach diesen Kurven werden wir später sprechen.

Untersuchung mit Kurzschluss.

Eine viel verbreitete Methode zur oberflächlichen Beurtheilung von Elementen ist die Prüfung durch Kurzschluss. Da diese Untersuchung sehr schnell und leicht ausführbar ist, wird sie mit Vorliebe auch von Leuten ausgeführt, welche sonst mit Messungen wenig Bescheid wissen. Um jedoch richtig dabei zu verfahren, sind gewisse Bedingungen zu erfüllen.

1. Der Ampèremeter muss aperiodisch sein, der Zeiger soll sofort sich richtig einstellen, es muss also ein Präzisionsinstrument sein.

Jeder andere Strommesser, bei dem der Zeiger erst einige Zeit um seine Ruhelage hin- und herschwingt ist zu verwerfen, weil inzwischen im Element starke Polarisation eintritt oder auch zufolge starker Erwärmung das Element beschädigt wird.

2. Alle Verbindungen müssen sehr guten Kontakt haben und mit Drähten von 1,5—2,0 mm Stärke ausgeführt werden. Insbesondere muss an der Kohlenelektrode die Polklemme bezw. der umgewürgte Draht äusserst sicheren Kontakt haben, damit hier kein Verlust eintreten kann.

3. Das Anhalten der Drähte soll nur 2—3 Sekunden dauern. Man klemmt zu diesem Zwecke einen Draht fest und macht an dem zweiten mit beiden Händen einen sicheren Kontakt.

4. Der Strommesser soll für mindestens 15, besser bis 35 Amp. ausreichen.

Der Widerstand eines Strommessers von Weston für 15 Ampère beträgt z. B. nur 0,0197 Ohm, nehmen wir die sonstigen Verbindungen noch zu 0,0013 Ohm an, so haben wir im äusseren Stromkreise einen Widerstand von 0,02 Ohm. Lesen wir nun beim Kurzschluss 12 Ampère ab und ist die Spannung an den Klemmen des Elements 0,0001 Volt, so wäre der innere Widerstand wie folgt zu berechnen:[1]

$$E = 1,5$$
$$E_1 = 0,0001$$
$$J = 12$$
$$w = \frac{E - E_1}{J} = \frac{1,5 - 0,0001}{12},$$

oder da E_1 fast Null ist $= \frac{1,5}{12} = 0,105$ Ohm. — $J = \frac{E}{W + w}$

$W = 0,02$
$w = 0,105$, also $= \frac{1,5}{0,125} = 12,0$ Ampère
$E = 1,50,$

was mit der Ablesung übereinstimmt.

Man kann also die Ablesung der Spannung im sicheren Kurzschluss ganz vernachlässigen, da sie praktisch gleich Null ist, doch trifft dies nur zu, wenn der Strommesser einen sehr geringen Widerstand hat. Ist der Widerstand des Strommessers nicht sehr gering, so erhält man bei Kurzschluss noch immer 0,10—0,06 Volt Klemmenspannung bei 9—10 Ampère Stromstärke eines Trocken-Elements.

---

1) S. hierüber auch Seite 88 des Buches.

Diese ganze Prüfung auf Stromstärken im Kurzschluss gestattet jedoch nur bei schon bekannter Qualität eines Elements einen Schluss auf dessen richtige Herstellung, da es auch Trocken-Elemente giebt, die zwar hohe Stromstärken im Kurzschluss zeigen, jedoch bei konstanter Entladung nicht genügend depolarisiren und infolgedessen mit der Klemmenspannung schneller sinken als andere, die keine so hohe Stromstärke zeigen.

Je nach der Grösse und guten Beschaffenheit wie auch nach der Konstruktion und der Grösse der Elektrodenflächen erhält man bei momentanem Kurzschluss folgende Stromstärken in Ampère:

Trockene Elemente			Nasse Elemente		
Grosse	Mittlere	Kleine	Grosse	Mittlere	Kleine
15—16	10—15	6—9	24—32	18	15

bei Depolarisation durch Braunstein-Elemente dauernd kurz zu schliessen ist aus früher schon angegebenen Gründen völlig falsch.

Wie sehr die Spannung der gewöhnlichen grösseren Trocken-Elemente bei hoher Stromstärke sinkt zeigt die nachstehende Tabelle. Der innere Widerstand der Elemente steigt in wenig Stunden der Entladung derartig, dass selbst bei Kurzschluss nicht mehr als 3,7—1,0 Ampère entnommen werden konnten, obgleich das Element vor der Entladung noch 8 Ampère bei momentanem Kurzschluss gegeben hatte.

Klemmenspannung eines Elements bei hoher Stromstärke.[1])

Widerstand		Volt	Ampère	Bemerkung
der Spirale	des Amp.-Meters			
0,585	0,0197	1,53	0,00	
,,	,,	1,14	2,15	am Anfang der Entladung.
,,	,,	0,79	1,45	am Ende der Entladung.
0,00	,,	0,13	3,70	Kurzschluss nach einer Ent-
,,	,,	0,12	3,50	ladung von 2 Stunden und
,,	,,	0,10	2,85	45 Min., derselbe dauerte
,,	,,	0,08	2,30	von 1 Uhr 5 Min. bis 4 Uhr
,,	,,	0,06	1,75	36 Min., geöffnet sofort
,,	,,	0,05	1,50	0,8 Volt.
,,	,,	0,04	1,30	
,,	,,	0,015	1,00	

1) Der Verlauf der Entladung von 1,14—0,79 Volt Spannungsabfall ist in der Tabelle auf Seite 109 wiedergegeben.

Unterbrochene Entladung.

Es ist natürlich nicht gleichgiltig, ob man das Entladen von Elementen continuirlich bewirkt oder ob man Pausen dabei eintreten lässt, so dass die Polarisirung in den Pausen Zeit hat sich zu vermindern.

Interessant sind in dieser Beziehung Versuche des Telegraphen-Ingenieur-Bureaus in Berlin.[1])

Es wurden die Untersuchungen in drei Gruppen vorgenommen.
1. bei constantem Stromschluss bei 12,5 Ohm,
2. bei constantem Stromschluss bei 2,5 Ohm,
3. bei Stromschluss von 3 Minuten jede 15 Minuten.

Die Beanspruchung von Gruppe 2 und 3 war in 24 Stunden also gleich, während bei Gruppe 1 das Doppelte gegen 2 und 3 beansprucht wurde. Die Entladung wurde fortgesetzt bis zu 0,15—0,2 Volt Spannungsabfall. Das Ergebniss ist in folgender Tabelle zusammengestellt:

Ampèrestunden.
Entladung von Elementen.[2])

	Gruppe 1 auf 12,5 Ohm		Gruppe 2 auf 2,5 Ohm		Gruppe 3 mit Pausen auf 5 Ohm	
	trockene Elemente	nasse Elemente	trockene Elemente	nasse Elemente	trockene Elemente	nasse Elemente
	45,9	18,9	30,7	20,8	51,3	21,7
Zeit Std. des Betriebes	2150	1710	2150	1710	430	350
Ohm am Ende	0,45	1,7	0,7	1,3	0,5	0,85
Volt am Ende	0,12	0,1	0,15	0,15	0,3	0,2
Volt Anfangs	1,47	1,28	1,47	1,28	1,47	1,28

Die absatzweise Entladung kann natürlich nicht von Hand bewirkt werden, sondern muss selbstthätig geschehen und zwar durch eine gute Uhr, welche in jeder Viertelstunde Kontakt von

---

[1]) Beschrieben im Archiv für Post und Telegraphie, Juli 1893.
[2]) Als Versuchs-Elemente dienten Trocken-Elemente von Gassner und gewöhnliche nasse Zink-Kohlen-Leclanché-Elemente.

3 Minuten herstellt. — Ueber die Entladung durch eine elektrisch betriebene Uhr ist im Kapitel über die Leistung der Elemente berichtet.

Obgleich bei den Versuchen der Gruppe 2 und 3 täglich gleich viel Strom entnommen wurde, sind bei stetiger Entladung nur 30,7, bei unterbrochener Entladung aber 51,3 Ampèrestunden von den Trocken-Elementen abgegeben worden, während der Unterschied bei den nassen Elementen viel geringer ist. Hätte man nasse Elemente mit Braunsteinpressung zum Vergleich herangezogen, was ja den Trocken-Elementen viel mehr entsprochen hätte, so wäre das Resultat bei den nassen Elementen viel günstiger ausgefallen. Das Verhalten nasser Elemente bei der Entladung ist aus der Tabelle Seite 112 zu ersehen. — Die bei den vorstehenden Versuchen zur Anwendung gekommenen Stromstärken betrugen:

	Anfangs	am Ende	
bei Gruppe 1	0,115	0,01	Ampère
„ 2	0,06	0,01	„
„ 3	0,265	0,06 — 0,02	„

Es sind das also Endstromstärken wie sie in der Praxis meistens schon zu gering sind.

Die Untersuchung von Elementen erstreckt sich jedoch nicht allein auf ihre Leistungen, sondern im praktischen Betriebe auch auf etwaige Störungen in denselben, die wir nachstehend kennen lernen wollen.

Fehler in galvanischen Elementen.

Die beim Betriebe galvanischer Elemente auftretenden Mängel machen sich entweder dadurch bemerkbar, dass überhaupt kein Strom abgegeben wird, oder dass Spannung und Stromstärke der Elemente nachlassen.

Vorausgesetzt, dass Apparate und Leitungen des Stromkreises in Ordnung sind und irgend ein Fehler sich bemerkbar macht, so kann nur ein Mangel in der Batterie vorhanden sein.

Unterbrechung. Die Batterie giebt an ihren Endpolen überhaupt keinen Strom, der Stromkreis muss also bei oder innerhalb der Batterie unterbrochen sein.

Man untersucht zunächst mit dem Auge und mit der Hand alle Drahtverbindungen und Klemmschrauben, ob irgendwo eine lose Verbindung oder eine Bruchstelle vorhanden ist, indem man irgend ein passendes Instrument, z. B. einen Galvanometer, in den

Stromkreis schaltet und denselben beobachtet, während man an den Verbindungen herumzerrt. Ist ein Drahtbruch irgendwo vorhanden, so wird sich dies durch zeitweises Schwanken des Zeigers am Messinstument bemerkbar machen. Ist auf diese Weise nichts zu ermitteln, so ist also eine dauernde Unterbrechung vorhanden.

Man nimmt nun einen Spannungsmesser zur Hand, der bei 1,5 Volt einen möglichst grossen Ausschlag giebt (dessen ganze Skala etwa bis 3 Volt reicht), und misst damit fortlaufend die Klemmenspannung jedes einzelnen Elements. Findet man eine Zelle, welche keine Spannung ergiebt, so sind die Ableitungen der Elektroden in derselben gebrochen. Bei offenen Elementen wird man leicht die Bruchstelle finden; bei verschlossenen Elementen muss eine neue Zelle an Stelle der defekten eingeschaltet werden.

Erschöpfung der Elemente. Sobald die in einem Element vorhandenen Stoffe verbraucht sind, oder sich an den Elektroden Produkte ausgeschieden haben, welche die Wirkung der Oberflächen bezw. der Chemikalien beeinträchtigen, lässt Spannung und Stromstärke nach. Elemente, bei denen die Spannung um 30—50 % der Anfangsspannung gesunken ist, müssen ausser Betrieb gesetzt, oder sofern es offene, nasse Elemente sind, erneuert werden. Vor allen Dingen sind die Elektroden sauber zu reinigen und die Gefässe mit neuem, richtig angesetzem Elektrolyten zu füllen, worüber bei Beschreibung der betreffenden Elemente die nöthigen Angaben gemacht sind.

Beim erneuten Zusammensetzen der Elemente sind besonders die Kontaktstellen der Verbindungen sauber zu reinigen und die Klemmschrauben fest anzuziehen. Bei einiger Uebung wird man schon am allmäligen Nachlassen der Kraft auch ohne Messinstrumente den Zeitpunkt ermitteln können, an welchem eine Erneuerung erforderlich ist; genauer lässt sich dies natürlich durch Messen von Stromstärke und Spannung bewirken. Ueber die Messungen handelt ein besonderer Abschnitt des Buches.

Bei offenen Elementen, bei denen die Oberfläche des Elektrolyten nicht durch ein Oelschicht abgeschlossen ist, kommt es auch vor, dass bei langem Stehen, besonders an warmen Orten, das Wasser stark verdunstet und damit der Flüssigkeitsspiegel stark sinkt, Salze herauskrystallisiren, so dass infolge dessen die Elektroden unwirksam werden.

Dieser Zustand ist natürlich durch regelmässiges Nachsehen der Batterie leicht zu vermeiden, und ist derselbe, einmal eingetreten, auch mit den Augen leicht zu erkennen. Um dem Uebel abzuhelfen sollte man jedoch nicht nur Wasser nachgiessen, sondern auch die Elektroden reinigen und einen Theil der konzentrirten, alten Lösung in den Elementen entfernen, was am besten mit einer Glasspritze, oder einem Gummiball mit kurzem Schlauch oder Rohr bewirkt werden kann. — Bei regelmässigem Nachsehen genügt es, das verdunstete Wasser zu ersetzen. Ein Deckel auf den Gläsern, ein Kasten um die Batterie hält zwar den Staub ab, verlangsamt wohl auch das Verdunsten des Wassers, kann es aber niemals ganz verhindern. Ein sicheres Mittel hiergegen gewährt nur ein Oelabschluss in jeder Zelle aus säurefreiem Oel, Petroleum (Kerosin) oder Paraffinöl.

Bei gewissen Elementen dürfte jedoch ein solcher Oelabschluss durchaus schädlich wirken, wie z. B. beim Leclanché-Element mit Braunsteincylinder oder mit Braunsteinplatten, bei denen der Sauerstoff der Luft, wie es scheint, mit depolarisirend oder doch regenerirend wirkt. —

Mangelhafter Chemismus. Es sind oben nur mehr mechanische Fehler erörtert worden. Es kommen jedoch auch eine ganze Menge Fehler vor, die aus mangelhafter Zusammensetzung der Mischungen für die Elektrolyten oder die Pasten entstehen, die jedoch vielfach schon besprochen wurden; z. B. giebt es Trocken-Elemente, die stark Wasser bilden und schliesslich überlaufen, andere wieder, die völlig eintrocknen. Solche Fehler kann jedoch nur ein Fabrikant herausfinden und abstellen. —

Wenn wir auch in den voraufgegangenen Kapiteln im allgemeinen die Leistungen der galvanischen Elemente kennen gelernt haben, so dürften doch einige spezielle Beispiele hierüber noch eingehendere Aufklärung geben, wie sie im nachstehenden Abschnitt enthalten sind.

V. Leistungen galvanischer Elemente.

Die im äusseren Stromkreise eines Elementes auftretende Leistung in Watt ist das Produkt aus Stromstärke mal Klemmenspannung $= eJ$ oder $= \dfrac{eJ}{9,81}$ kgm/sec. $= \dfrac{eJ}{736}$ PS $= 0,24\ eJ$ gr. — cal/sec. — Das Güteverhältniss G ist abhängig vom inneren Widerstande r und ist bei einem Nutzwiderstande R

$$G = \frac{R}{R+r} = 1 - \frac{Jr}{E}.^{1)}$$

Wie wenig jedoch eigentlich ein galvanisches Element an Kraft produzirt zeigt die nachstehende von Regnier berechnete Tabelle über sechs ältere Elemente.[2]

Bezeichnung der Elemente	Volt offen	Ohm innerer Widerstand	Kg.-meter	Kalorien
gewöhnliches Bunsen, 20 cm hoch, rund	1,80	0,24	0,344	0,796
desgleichen, Ruhmkorf'sche Form, 20 cm	1,80	0,06	1,378	3,189
Daniell, 20 cm rund	1,06	2,80	0,010	0,023
W. Thomson, horizontal, 20 qdm Elektrodenfläche	1,06	0,20	0,143	0,331
F. Carré, 60 cm rund	1,06	0,12	0,238	0,551
Regnier, 20 cm rechteckig	1,35	0,075	0,619	1,440

1) Ausführliches findet man hierüber in Dr. Streckers Handbuch.
2) Siehe Elektrotechnische Zeitschrift 1880, Seite 376.

Die Berechnung der Leistung ist nach der Formel $L = \dfrac{E^2}{4r \cdot 9{,}81}$ erfolgt. — Für neuere Elemente mögen nachstehende Angaben und die später gegebenen praktischen Ablesungen als Beispiele dienen.

Die Untersuchung der Leistungsfähigkeit[1]) galvanischer Elemente ist, wie schon erwähnt, insofern eine mühevolle Arbeit, als die Beobachtung des Spannungsabfalls und event. auch der Stromstärke bei der Endladung sich auf einen sehr langen Zeitabschnitt ausdehnt, falls geringe, der Praxis entsprechende Stromstärken angewendet werden, und selbst bei höherer Stromstärke immerhin einige Tage oder gar Wochen und Monate nöthig sind, um das ganze Verhalten eines Elements kennen zu lernen. Oft genügen auch die Untersuchungen noch nicht und man muss sich durch verschiedenartige Anfertigung der einzelnen Fabrikate eingehendere Kenntniss über deren Wirkungsweise verschaffen, auch wohl die Beschaffenheit der Rohmaterialien noch prüfen. Erst dann ist man, wie bereits erörtert in der Lage, ein eingehendes, umfassendes Urtheil zu gewinnen. In der Elektrotechnischen Rundschau S. 57, 1892/93, im Elektrotechnischen Anzeiger S. 75 und 111, 1894, sowie in „die Elektricität" S. 223 und 234, 1894, berichtete ich bereits über zahlreiche Untersuchungen, die ich nunmehr durch einen Zeitraum von ca. 6 Jahren fortgesetzt habe. Eine Anzahl Elemente, die im April 1893 drei Tage lang entladen worden waren, wurden etwa 9 Monate lang ruhend aufbewahrt und dann wieder auf Spannung und Stromstärke gemessen, wobei der Einfluss des Elektrolyten erst zur Erscheinung trat. Die Elemente wurden dann wieder ca. 1 Jahr ruhig aufbewahrt, um den Nebenverbrauch in der Ruhe festzustellen.

Das Ergebniss war folgendes: Die mit gutem Chemismus hergestellten Elemente waren in Spannung und Stromstärke befriedigend, die minderwerthigen zeigten hohen inneren Widerstand und geringe Spannung; die genaueren Ablesungen sind in nachstehender Tabelle zusammengestellt:

Bezeichnung	Sb	Sg	Fl	J	H	Sw	A
Anfangsspannung, Volt	1,60	1,55	1,55	1,55	1,55	1,6	1,6
Endspannung am Ende der Untersuchung	1,4	1,2	1,3	0,5	1,15	0,3	1,15
Nach 9 Monaten Volt Spannung . . .	1,43	1,32	1,38	1,43	1,41	1,12	1,36
Stromstärke auf Kurzschluss, Ampère .	2,4	0,2	5,0	2,5	5,0	0,5	0,9

[1]) Arbeit des Verfassers des Buches aus der „Zeitschrift für Elektrochemie", Heft 26, Zweiter Jahrgang 1895/96.

Die Tabelle zeigt, dass aus der Spannung allein sich auf die Güte eines Elementes überhaupt nicht schliessen lässt. Die Stromstärke bei Kurzschluss giebt schon eher einen Anhaltspunkt, sie lässt leicht erkennen, dass die Elemente mit der Bezeichnung Sg, Sw und A minderwerthig sind. Am besten scheinen die Elemente Fl und H zu sein, während Sb und J gleichwerthig erscheinen. Nachdem aber ein weiteres Jahr vergangen war, konnte erst der wahre Werth der einzelne Fabrikate festgestellt werden. Element Fl zeigte einen völlig zerfressenen Zinkmantel, hatte sich also in der Ruhe völlig verzehrt; H war noch brauchbar, ebenso Sb; J zeigte schon von Anbeginn der Untersuchung eine auffallend geringe Depolarisation, deren Ursache durch Zerlegen des Elementes in falscher Konstruktion festgestellt wurde. Es folgt hieraus, dass der Werth einer Untersuchung von Elementen in kürzerer Zeit ziemlich gering ist, dass einfache Messungen einige Tage oder Wochen hindurch für eine gründliche Beurtheilung noch nicht genügen, sondern hierzu fortlaufende Beobachtungen während 1—2 Jahren nothwendig sind.

Infolge dessen habe ich Elemente dauernd zum Betriebe einer elektrischen Uhr verwendet und fortlaufende Messungen an denselben gemacht. Es wurde hierzu z. B. ein Galvanophor aus einer Anzahl von Elementen ausgewählt. Das Element war schon gebraucht und nicht mehr neu. Anfangsspannung offen 1,53 Volt, Stromstärke bei Kurzschluss 2,5 Ampère, Gewicht 0,83 kg. — Die Ablesungen waren die folgenden:[1)]

Datum		Volt
15. Januar 1894	. . . .	1,53
24. „ „	. . . .	1,47
10. Februar „	. . . .	1,425
5. März „	. . . .	1,39
18. April „	. . . .	1,38
10. Mai „	. . . .	1,37
offen in Ruhe bis		
24. Mai 1894	. . . .	1,42
1. Juni „	. . . .	1,360
18. „ „	. . . .	1,360
3. Juli „	. . . .	1,360
24. „ „	. . . .	1,355
1. August „	. . . .	1,360
15. „ „	. . . .	1,355

1) Die diesen Ablesungen entsprechende Spannungskurve ist auf Seite 120 in dem Abschnitt über Spannungskurven dargestellt.

Datum offen in Ruhe bis	Volt
28. August 1894	1,350
7. Septbr. „	1,340
8. Oktober „	1,320
3. Januar 1895	1,280
15. „ „	1,270
4. Februar „	1,260
26. März „	1,260

0,5 Ampère bei Kurzschluss.

Der innere Widerstand hat sich also in einem Zeitraum von über einem Jahre bedeutend erhöht. Es wurden von nun an regelmässige Messungen nicht mehr vorgenommen, sondern das Verhalten des Elementes am Gange der Uhr weiter beobachtet. Im ersten Jahre machte sich der Einfluss der Temperatur kaum bemerkbar, während im zweiten Sommer bei grosser Trockenheit auf kurze Zeit ein Unterschied im Gange sich zeigte, weil der hygroskopische Elektrolyt nicht genügend Feuchtigkeit aufnehmen konnte, so dass der innere Widerstand vorübergehend höher wurde. Ein nasses Element mit Oelabschluss (Reform-Element z. B.) hätte natürlich diese Differenz nicht gezeigt. Ein anderes Element war am 24. Januar 1898 mit 1,5 Volt auf die gleiche Uhr geschaltet worden und zeigte am 27. April 1899, also nach $5/4$ jährigem Betriebe, noch 1,38 Volt. Dieses Element hielt die Spannung, weil grösser, noch besser als das vorhergehende. Die Uhr war mit diesem Trocken-Element sehr gleichmässig gegangen; ein gewöhnliches Leclanché mit Braunsteincylinder hält dagegen nur wenige Monate oder auch nur 4—6 Wochen aus.

Zur Ermittelung der im ersten Jahre erzielten Entladung wurde folgende Rechnung angestellt: Die Uhr macht in einer Minute 40 Kontakte jeder von 0,375 Sekunden Dauer, woraus sich die Zeit des Stromschlusses auf 15 Sekunden in der Minute oder auf $1/4$ der Betriebszeit berechnet, so dass auf 24 Stunden 6 Stunden Stromschluss entfallen. Die Uhr braucht bei permanent geschlossenem Kontakt 50 Milliampère, welche Stromstärke sich jedoch zufolge des sehr kurzen Stromschlusses und der Selbstinduktion auf nur 7 Milliampère durchschnittlich herabmindert. Der an einem Tage verbrauchte Strom ist also 0,042 oder in einem Jahre 15,33 Ampèrestunden.

Die Uhr war mit demselben Element zwei Jahre im Betrieb, so dass über 30 Ampèrestunden entladen wurden. Erfahrungsgemäss bleibt die Uhr noch betriebsfähig bis zu einem Spannungsabfall von etwa 0,9 Volt, auch kann die Stromstärke bis etwa 5 Milliampère herabgehen. — Der vorstehenden Berechnung liegt natürlich die Annahme zu Grunde, dass die Stromstärke sich bei der abnehmenden Spannung nicht vermindert hat. Um diesem Umstande Rechnung zu tragen, ist die mittlere Stromstärke von 7 Milliampère aus zahlreichen Messungen eingestellt worden. Interessant ist auch, dass die 14 tägige Pause vom 10. bis 24. Mai in der Entladung auf das Verhalten des Elements kaum von Einfluss gewesen ist, die Spannung wäre auch bei fortlaufender Entladung etwa in gleichem Maasse gesunken; beinahe 3 Monate hindurch war sie auf fast gleicher Höhe zwischen 1,36 und 1,35 Volt.

Mit derselben Uhr wurde auch ein Hydra-Element Type B entladen. Dasselbe hatte eine Anfangsspannung von 1,50 Volt, welche nach 199 Tagen bei 0,006 Ampère Stromstärke auf 1,40 Volt gesunken war, und in dieser Zeit ca. 7 Amp.-Std. abgegeben hatte. —

Eine kleine Akkumulatorenzelle, welche die Uhr auch etwa $3/4$ Jahr getrieben hat, war in dieser Zeit vollkommen entladen, die Klemmenspannung betrug nur noch etwa 0,2 Volt, die Schwefelsäure war zur Hälfte verdunstet, obgleich die Zelle gut verschlossen war und nur eine kleine Entgasungsöffnung hatte; der obere Theil der Platten war stark mit Sulfat bedeckt.

Die Versuche zeigen also, dass für dergleichen Zwecke ein Trocken-Element weit billiger und besser ist als ein Akkumulator.

Ein anderes Beispiel von der Leistungsfähigkeit von galvanischen Elementen bietet eine elektrische Beleuchtung mit galvanischen Elementen.[1]

Allgemein ist die Ansicht verbreitet, dass man elektrisches Licht vermittelst galvanischer Elemente nicht dauernd erzeugen könne, und dass die Unterhaltung solcher Elemente äusserst kostspielig und umständlich sei. Unter gewissen Voraussetzungen trifft dies jedoch nicht zu. Bis vor Kurzem war hier eine Anlage mit Lalande-Elementen im Betrieb, die täglich 5—6 Stunden funktionirte und zum Betriebe von 1—2 Glühlampen von ca. 12 Kerzen diente. Im Ganzen waren etwa 8 Lampen installirt, die jedoch niemals alle zugleich brannten, sondern von denen gewöhnlich Abends nur eine dauernd und vorübergehend eine zweite brannte.

---

[1] Nach einer Mittheilung des Verfassers im „Gewerbefreund" Nr. 17 vom 23. April 1896, Berlin. Die verwendeten Elemente waren nach Lalande-Hertel hergestellt, wie sie bereits beschrieben sind.

Die Elemente wurden vor vier Jahren aufgestellt und vor zwei Jahren die Zinkelektroden gewechselt. Der Elektrolyt wurde durch Einwerfen von Kali ergänzt in langen Zwischenräumen, so dass die Unterhaltung der Elemente weder besondere Wartung noch hohe Kosten verursachte. In einer kleinen Bodenkammer waren 48 Elemente in starken Glasgefässen von etwa 40 cm Höhe und 20 cm Breite aufgestellt. Der Preis eines Elementes war etwa komplett mit Füllung 14 Mk., so dass der Anschaffungspreis der ganzen Batterie sich auf etwa 728 Mk. belief. Rechnet man Unterhaltungskosten pro Jahr 20 Mk., so stellte sich die Anlage und Betrieb in den vier Jahren auf 808 Mk.

Nehmen wir die Leistung der Batterie zu 6 Ampèrestunden täglich, so betrug die jährliche Stromabgabe 2190 Ampèrestunden, oder in vier Jahren 8760 Ampèrestunden. Der Preis des Stromes war also per Ampèrestunde 9,22 Pfg. ohne Verzinsung und Amortisation des Anlagekapitals. Da die Batterie jedoch nach diesen vier Jahren noch so vorzüglich sich gehalten hatte, dass sie noch weitere vier Jahre hätte funktioniren können, so ist die Ampèrestunde höchstens mit etwa 5 Pfg. zu veranschlagen, und auch dieser Preis ist in obigem Falle zu reduziren, da die Anfertigung der Batterie vom Benützer selbst bewirkt war. Mithin ist das elektrische Glühlicht für Flur, Treppen, Schlaf- und Arbeitszimmer beim Betriebe von nur einzelnen Lampen nicht viel theurer als von grossen Anlagen bezogen. — Für den Fall, dass einmal mehrere Lampen brannten, war ein Regulirwiderstand vorhanden, um stets die richtige Helligkeit einzustellen. Infolge Umzugs des Besitzers ist die Batterie jetzt nicht mehr in Funktion, wird jedoch demnächst wieder aufgestellt werden. — Alle bisherigen Bemühungen mit Gas- oder Cirkulationsbatterien sind noch stets gescheitert, und scheint das Lalande-Element das einzige zu sein, welches dauernd für diese Zwecke brauchbar ist. Natürlich eignen sich diese Elemente auch zum Laden von Akkumulatoren und zu allen sonstigen Zwecken, wo stärkere Ströme einige Stunden hindurch täglich gebraucht werden. — Berechnet man die Kosten für den Betrieb der elektrischen Uhr, so ergeben sich unter der Annahme, dass das Element zum Preise von 2,50 Mk., drei Jahr brauchbar ist, per Jahr 83 Pfg. Betriebskosten oder die Ampèrestunde zu 5,3 Pfg. Hat sich diese Erkenntniss erst Bahn gebrochen, so wird man in jedem Hause elektrisches Licht und elektrische Uhren finden, wie man heute schon allgemein elektrische Haustelegraphen hat.

Bei dieser Gelegenheit möchte ich noch darauf hinweisen, dass ich nach neuesten Untersuchungen zu der Ueberzeugung gekommen bin, dass es wohl möglich ist, Elemente herzustellen, welche höhere Stromstärken dauernd leisten können und deren Depolarisation derart wirkt, dass selbst nach stärkster Entladung eine schnelle und gute Erholung stattfindet, wie sich dies z. B. beim Reform-Element zeigt. — Um ein vollkommenes Bild der Leistung galvanischer Elemente zu geben, müsste man dieselben nach Wattstunden bemessen und diejenige Stromstärke angeben, welche dauernd entladen werden darf. Ein jedes Element kann zufolge seiner Zusammensetzung eben nur eine geringe Wattzahl dauernd leisten, es kommt also auf das Produkt aus Stromstärke und Spannung an, die bei galvanischen Elementen sehr stark sich verändernde Grössen bilden. Andererseits wird für gewisse Zwecke auch der innere Widerstand, also die Stromstärke, welche momentan geleistet wird, maassgebend sein. Das beste Element unter solchen von gleicher Stromstärke ist natürlich immer dasjenige, welches die höchste Wattzahl aufweist, also die beste Depolarisation hat. Nur wer diesen Umständen Rechnung trägt, wird etwas Gutes liefern und allen Verhältnissen entsprechen können. Giebt es doch sogenannte elektrotechnische Fabriken, Telegraphenbauanstalten oder wie sie sich sonst nennen mögen, welche nach einem gekauften „Rezept" Elemente „fabriciren" und mit edler Dreistigkeit behaupten, dass ihre Leistungen unübertroffen sind, obgleich der „Fabrikant" von der ganzen Sache keine blasse Ahnung hat. Dass solche „Elemente" sich noch immer behaupten können, liegt auch mit daran, dass gute Fabrikate leider heute noch immer in der Minderzahl sind, und die Käufer oft noch weniger davon verstehen als die Fabrikanten.

VI. Tabellen und Kurven.

Die nachstehenden Tabellen sind meistens praktischen Messungen an Elementen entnommen, die Verfasser in grosser Zahl seit Jahren ausgeführt hat; sie geben in fortlaufenden Ablesungen ein ziffernmässiges Bild über das Verhalten der Elemente bei dauerndem Stromschluss, denen zum Schluss eine Tabelle über die gebräuchlichsten Elemente folgt.

Entladung eines Hydra-Elementes. Type A auf 1 Ohm äusseren Widerstand.

Zeit	Volt	Ampère	Watt	mittlere Watt	Minuten	Watt-Minuten	Bemerkungen
—	1,49	0,00		Differenz			Innerer Widerstand zu Anfang und am Ende der Untersuchung 0,10 Ohm; Widerstand des zeitweise eingeschalteten Amperemeters 0,0485 Ohm.
10⁴⁵	1,31	1,10	1,441	1,463	7	10,248	
10⁵⁵	1,26	1,10	1,386	1,344	5	6,720	
11	1,24	1,05	1,302	1,322	5	6,610	
11⁵	1,22	1,10	1,342	1,271	10	12,710	
11³⁵	1,20	1,00	1,200	1,190	15	17,850	
11⁵⁰	1,18	1,00	1,180	1,163	15	17,445	
11⁴⁵	1,17	0,98	1,146	1,130	15	16,950	
12	1,15	0,97	1,115	1,127	15	16,905	
12¹⁵	1,14	1,00	1,140	1,140	15	17,100	
12³⁰	1,14	1,00	1,140	1,111	15	16,665	
12⁴⁵	1,14	0,95	1,083	1,067	15	16,005	
1	1,12	0,94	1,052	1,030	15	15,450	
1¹⁵	1,12	0,90	1,008	1,003	15	15,045	
1³⁰	1,11	0,90	0,999	1,015	15	15,225	
1⁴⁵	1,11	0,93	1,032	1,011	15	15,165	
2	1,10	0,90	0,990	0,995	15	14,925	
2¹⁵	1,10	0,98	1,001	1,001	15	15,015	offen 1,21 Volt.
2³⁰	1,09	0,92	1,002	0,992	23	22,816	
2⁵³	1,08	0,91	0,983	0,977	7	6,839	
3	1,08	0,90	0,972	0,972	15	14,680	
3¹⁵	1,08	0,90	0,972	0,967	15	14,505	
3³⁰	1,07	0,90	0,963	0,952	30	28,560	
4	1,06	0,90	0,942	0,942	20	18,840	offen 1,19 Volt.
4²⁰	1,06	0,90	0,942	0,939	40	37,560	
5	1,04	0,90	0,936	0,925	15	13,875	offen 1,18 Volt.

Zeit	Volt	Ampère	Watt	mittlere Watt	Minuten	Watt-Minuten	Bemerkungen
5 15	1,04	0,88	0,915	0,890	15	13,350	
5 30	1,03	0,84	0,865	0,870	15	13,050	
5 45	1,03	0,85	0,876	0,887	15	13,305	
6	1,02	0,88	0,898	0,903	15	13,545	offen 1,16 Volt.
6 15	1,02	0,89	0,908	0,903	15	13,545	
6 30	1,01	0,89	0,899	0,904	15	13,560	
6 45	1,01	0,90	0,909	0,854	15	12,810	offen 1,15 Volt.
7	1,00	0,80	0,800			496,873	
8 Std. 12 Min.	Regeneration					Wattminuten = 8,281 Wattstunden	

Entladung auf 0,585 Ohm Widerstand. Element *II*. Type *A*.

Zeit	Volt	Ampère	Bemerkungen
10 20	1,14	2,15	Spannung offen 1,53 Volt.
10 21	1,12	2,10	Bei Kurzschluss 8,0 Ampère.
10 22	1,10	2,05	
10 24	1,09	2,00	Die Regeneration nach 3 Tagen
10 26	1,07	2,00	offenen Stehens stieg auf 1,18 Volt.
10 28	1,05	1,96	Bei erneutem Kurzschluss gab das
10 30	1,04	1,96	Element momentan 1,0 Ampère bei
10 34	1,02	1,90	0,015 Volt, sinkt aber dann sofort auf
10 35	1,01	1,90	0,5 Ampère und 0,005 Volt.
10 40	1,00	1,90	
10 45	0,98	1,85	
10 50	0,97	1,82	
10 55	0,96	1,80	Der innere Widerstand betrug am
11	0,95	1,75	dritten Tage der Erholung 0,325 Ohm.
11 5	0,95	1,70	
11 10	0,94	1,70	
11 15	0,93	1,69	Der Widerstand des ständig ein-
11 20	0,93	1,68	geschalteten Ampèremeters, welcher
11 25	0,92	1,65	0,0197 Ohm betrug, ist noch zum
11 30	0,91	1,65	Entladewiderstand hinzuzurechnen,
11 45	0,89	1,60	so dass der gesammte äussere Wider-
12	0,87	1,55	stand 0,6047 Ohm war.
12 15	0,85	1,55	
12 45	0,81	1,46	
1	0,79	1,45	
1 5	0,13	3,70	Kurzschluss mit Ampèremeter.
1 6	0,12	3,50	
1 9	0,12	3,30	Momentan geöffnet 1,0 Volt.
1 15	0,10	2,85	
1 45	0,08	2,30	
2 15	0,06	1,75	
3	0,05	1,50	
3 30	0,04	1,30	
4 30	0,015	1,00	Geöffnet sofort 0,8 Volt.
6	1,16	0,00	

Entladung auf 1 Ohm Widerstand. Element Bloc. Type F. E.

Zeit	Volt	Ampère	Bemerkungen
11	1,18	1,2	Spannung offen 1,50 Volt.
11⁵	1,06	1,1	Bei Kurzschluss 7,5 Ampère.
11¹⁰	1,01	1,0	Innerer Widerstand 0,1 Ohm.
11²⁰	0,95	0,95	Die Depolarisation geht zufolge
11³⁰	0,92	0,95	der Konstruktion ziemlich langsam
11⁴⁰	0,89	0,90	vor sich, infolge dessen fällt die
11⁵⁰	0,87	0,90	Spannung und Stromstärke, trotz des
12	0,85	0,88	anfangs geringen inneren Wider-
12³⁰	0,82	0,85	standes ziemlich schnell bei der
12⁵⁰	0,78	0,80	hohen Beanspruchung, so dass sich
1	0,77	0,80	das Element nur für schwachen
1¹⁰	0,75	0,78	Strom eignet.
1³⁰	0,74	0,75	
2	0,71	0,75	
Regeneration			
2¹	0,90	— 0,0	
2⁴	1,0	— 0,0	
2⁸	1,05	— 0,0	
2¹⁵	1,08	— 0,0	
2²⁴	1,13	— 0,0	
2⁴⁰	1,16	— 0,0	
3¹⁵	1,18	— 0,0	
4	1,22	— 0,0	
nach 48 Std.	1,37	— 0,0	

Entladung eines Doppel-Elementes auf 5 Ohm Widerstand.

Zeit	Volt total	Volt aussen	Volt innen	Ampère	Bemerkungen
—	3,17	1,57	1,60	0,00	
3²⁰	2,88	—	—	0,70	= 2,016 Watt.
3²³	2,86	—	—	0,652	Innerer Widerstand 0,33
3²⁴	2,85	1,44	1,40	0,65	(= 0,16 + 0,17) Ohm, bei
3²⁶	2,83	1,43	1,43	0,65	Kurzschluss vor Entladung
3³⁰	2,79	—	—	0,63	10,5 Ampère.
3³⁵	2,76	1,4	1,4	0,625	Gewicht des Elementes
3⁴⁰	2,72	1,38	1,32	0,60	2,75 kg in Blechgefäss,
3⁴⁵	2,70	—	—	0,55	180 mm hoch, 95 mm
3⁵⁰	2,67	—	—	0,52	Durchmesser.
3⁶⁰	2,65	1,36	1,28	0,52	
4	2,63	—	—	0,51	= 1,34 Watt.
4⁵	2,61	1,35	1,26	0,50	
4¹⁰	2,60	—	—	0,50	
4¹⁵	2,58	1,34	1,24	0,49	
4²⁰	2,57	—	—	0,49	
4³⁰	2,55	—	—	0,48	
5¹⁵	2,48	1,28	1,20	0,475	
5³⁰	2,47	—	—	0,475	= 1,173 Watt.
5⁴⁵	2,45	—	—	0,470	
6	2,44	1,265	1,18	0,46	= 1,12 Watt Regeneration.
6¹	2,62	1,34	1,28	0,00	
6³	2,63	—	—	—	
6⁴	2,65	—	—	—	

Zeit	Volt			Ampère	Bemerkungen
	total	aussen	innen		
Entladung am nächsten Tage fortgesetzt					
9³⁰	2,86	1,44	1,43	0,00	Regeneration nach 24
9³⁵	2,65	—	—	0,575	Std. 2,81 (= 1,42 + 1,39)
9⁵⁰	2,55	1,31	1,23	0,50	Volt. Innerer Widerstand
10	2,45	—	—	0,475	0,54 (= 0,2 + 0,34) Ohm.
11	2,38	—	—	0,46	Die Stromstärke fällt
12	2,33	1,23	1,10	0,44	stetig langsam ab, der
1	2,25	1,22	1,04	0,43	starke Spannungsabfall ist
2	2,19	1,21	0,98	0,41	hauptsächlich vom inneren
3	2,12	1,21	0,91	0,40	Element hervorgerufen.

Entladung eines Trocken-Elementes auf einen elektrischen Wecker.

Datum	Zeit	Volt	Ampère	Bemerkungen
4.	—	1,57	0,00	Kurz geschlossen 14,5 Ampère.
	11⁵⁴	1,48	0,175	die Stromstärke schwankt um ca.
	12⁷	1,47	0,170	0,02 Ampère nach unten.
	12¹⁵	1,46	0,165	
	12⁵⁵	1,42	0,160	
	2¹⁰	1,37	0,155	
	3¹⁰	1,345	0,150	
	4	1,34	0,14	Stromstärke schwankt bis 0,13 Amp.
	5¹⁰	1,32	0,14	
	5⁴⁵	1,31	0,14	
	6⁵	1,31	0,14	
5.	10¹⁰	1,26	0,125	Der Elektromagnet der Glocke
	2³⁰	1,24	0,125	hatte ca. 1,6 Ohm Widerstand, durch
	5²⁵	1,23	0,125	den bei Schluss 0,8 Ampère bei einem
6.	10⁴⁰	1,13	0,12	Element gehen, während zum Be-
7.	2³⁰	0,82	0,10	triebe nur etwa ¹/₉ Watt erforderlich
	5⁴⁰	0,79	0,10	sind zufolge der Selbstinduktion des
	7¹⁵	0,78	0,10	Apparates.
8.	10	0,65	0,07	
	11¹⁵	0,62	0,07	
	4	0,57	0,06	
	5¹⁵	0,565	0,06	= 0,0339 Watt.
	Regeneration			Bei einer Glocke mit höherem
	5¹⁶	0,72	0,00	Widerstand der Spulen wäre natür-
	5¹⁷	0,83	—	lich das Element erst in einigen
	5⁴⁵	1,06	—	Wochen erschöpft gewesen.
9.	10¹⁵	1,25	—	
	weiter entladen			
	11⁵⁰	0,9	0,08	
	11⁵⁷	0,85	0,07	
	12⁴⁰	0,60	0,08	Die Glocke versagt, weil die Kraft zu gering wurde.

Innerer Widerstand am Schluss des Versuches 0,5 Ohm im Element.

Entladung von nassen Elementen auf 5 Ohm Widerstand.

	1. Type A. Elektrolyt		2. Braunstein-Cylinder b.d.3 ersten		3. Fleischer Chlorzink		4. Braunstein-Cylinder Salmiak			Bemerkungen
Volt offen	1,5		1,3		1,15		1,36			No. 1 ist analog den Trocken-Elementen gefertigt. No. 2 hat einen Braunstein-Cylinder von 160 × 60/45 mm. No. 3 hat Fleischer Standkohle von 77 mm Höhe, ob. 55 mm Durchmesser. No. 4 hat gleichen Cylinder wie No. 2 jedoch innen und aussen Zinkring, beide verbunden. Die Elemente 2 bis 4 fallen schnell in der Spannung ab, regeneriren sich auch langsam, während No. 1 nach 52 Stunden Entladung noch 0,92 Volt bei 0,15 Ampère hat.
Amp. kurzg.	11		8		4,5		9			
Ohm	0,09		0,10		0,175		0,10			
Zeit	Volt	Amp.	Volt	Amp.	Volt	Amp.	Zeit	Volt	Amp.	
11	1,45	0,255	1,3	0,23	1,10	0,19	10^{45}	1,28	0,225	
11^2	1,45	0,255	1,25	0,22	0,96	0,18	10^{50}	1,2	0,225	
11^5	1,44	0,255	1,22	0,21	0,93	0,15	10^{55}	1,18	0,2	
11^{10}	1,43	0,255	1,20	0,21	0,89	0,15	11	1,16	0,2	
11^{15}	1,42	0,250	1,18	0,20	0,86	0,13	11^5	1,15	0,2	
11^{25}	1,41	0,250	1,16	0,20	0,83	0,13	11^{30}	1,11	0,187	
11^{30}	1,40	0,250	1,15	0,20	0,82	0,125	12	1,07	0,187	
11^{45}	1,40	0,250	1,13	0,19	0,80	0,125	1	1,02	0,175	
12	1,38	0,240	1,10	0,180	0,77	0,12	2	0,97	0,162	
1	1,35	0,237	1,00	0,170	0,70	0,113	3	0,94	0,162	
2	1,33	0,237	0,92	0,150	0,67	0,112	4^{40}	0,90	0,15	
3	1,31	0,225	0,85	0,135	0,63	0,090	6^{50}	0,84	0,13	
4	1,30	0,225	0,79	0,12	3^{15} 0,63	0,09	nach 16 Stunden			
5	1,29	0,225	Regeneration		Regeneration		—	0,57	0,13	
Zweiter Tag			Volt	Zeit	Volt	Zeit	Regeneration			
10	1,22	0,213	0,85	4^1	0,7	3^{10}	—	0,71	n.½ St.	
4^{40}	1,21	0,212					—	0,80	n.1½ St.	
Dritter Tag							—	0,86	n.3½ St.	
10	1,03	0,175	0,97	4^{10}	0,77	3^{20}				
12	1,00	0,165	1,00	4^{15}	0,85	3^{30}				
2	0,94	0,162	1,03	4^{20}	0,90	3^{45}				
3	0,92	0,15	1,08	5	0,93	4^{15}				
Regeneration			1,11	5^{20}	0,94	4^{30}				
3^1	1,05	0,00	1,12	5^{45}	0,95	5				
3^6	1,15	—	1,24	n.12 St.	0,98	5^{20}				
3^{20}	1,22	—	1,26	n.48 St.	0,98	5^{45}				
5^{40}	1,27	—			1,06	n.12 St.				
n.15 Std.	1,33	—			1,09	n.48 St.				

Prüfung von Hellesen-Trocken-Elementen.[1]

Nachstehende Tabellen geben eine Anschauung in welcher Weise die Physik.-Technische Reichsanstalt Elemente prüft.

---

1) Nach Untersuchungen der Physik.-Techn. Reichanstalt im März 1898, veröffentlicht in den „Berichten der Aktien-Gesellschaft Siemens & Halske", Berlin. Die grosse Konstanz der Elemente ist auch dadurch erhalten worden, dass man für kleinere Elemente geringere Stromstärken gewählt hat.

Alle Elemente waren von rechteckigen Pappgehäusen umschlossen.
Bei Type 1 betrugen die Abmessungen 17,5, 10 u. 10 cm, das Gewicht 2,75 kg.
„   „ 2   „   „   „   16,5, 7,5 u. 7,5 cm, „   „   1,5 „
Die Elemente jeder Type wurden mit den Buchstaben *a* bis *g* bezeichnet. Beobachtet wurde die Abnahme der Klemmenspannung 1. in offenem Zustande, 2. bei Einschaltung in einen Stromkreis von gleichbleibender Stromstärke, oder 3. bei Schliessung durch einen gleichbleibenden Widerstand. Die Abnahme der Klemmenspannung während der Entladung war folgende:

Type 1.

Zeit nach dem Einschalten	b. Entladen mit 0,20 Ampère	c.	d. Geschlossen durch 5 Ohm	e.	f. Geschlossen durch 10 Ohm	g. Geschlossen durch 20 Ohm
offen	1,58 Volt	1,58 Volt	1,51 Volt	1,50 Volt	1,53 Volt	1,51 Volt
15 Minuten	1,54 „	1,54 „	1,44 „	1,44 „	1,51 „	1,49 „
1 Stunde	1,50 „	1,50 „	1,40 „	1,41 „	1,49 „	1,48 „
8 Stunden	1,40 „	1,40 „	1,31 „	1,32 „	1,42 „	1,44 „
12 „	1,37 „	1,38 „	1,28 „	1,28 „	1,39 „	1,42 „
1 Tag	1,28 „	1,30 „	1,21 „	1,22 „	1,36 „	1,39 „
2 Tage	1,20 „	1,22 „	1,07 „	1,08 „	1,30 „	1,36 „
4 „	0,98 „	0,98 „	0,96 „	0,99 „	1,24 „	1,32 „
6 „	0,97 „	0,96 „	0,90 „	0,94 „	1,17 „	1,28 „
8 „	0,92 „	0,89 „	0,84 „	0,88 „	1,08 „	1,28 „
10 „	0,81 „	0,78 „	0,79 „	0,83 „	0,97 „	1,25 „
12 „	0,72 „	0,70 „	0,75 „	0,80 „	0,94 „	1,23 „
14 „	0,63 „	0,62 „	0,71 „	0,76 „	0,95 „	1,18 „
16 „	0,55 „	0,56 „	0,68 „	0,73 „	0,95 „	1,12 „
18 „	0,45 „	0,48 „	0,64 „	0,70 „	0,90 „	1,08 „
19 „	0,36 „	0,32 „	0,61 „	0,68 „	0,88 „	1,06 „
20 „	.	.	0,58 „	0,66 „	0,87 „	1,06 „
22 „	.	.	0,47 „	0,58 „	0,83 „	1,06 „
25 „	.	.	0,40 „	0,52 „	0,84 „	1,05 „
27 „	.	.	0,35 „	0,45 „	0,86 „	1,03 „
30 „	.	.	.	0,39 „	0,87 „	1,03 „
35 „	.	.	.	.	0,82 „	1,00 „
45 „	.	.	.	.	0,82 „	0,94 „
60 „	.	.	.	.	0,70 „	0,95 „
70 „	.	.	.	.	0,65 „	0,94 „

Bis zu einem Abfall der Klemmenspannung auf 0,40 Volt wurden bei den vorstehenden Entladungen ausgegeben

von Type 1, Element b 89,2 Ampèrestunden
„   „   1   „ c 88,8   „
„   „   1   „ d 92,2   „
„   „   1   „ e 109,0   „

Die Elemente f und g haben in den obigen 70 Beobachtungstagen bezw. 145,3 und 88,4 Ampèrestunden geliefert und sind zur Zeit noch nicht erschöpft.

Von Type 2 wurden die Elemente b und c mit einem konstanten Strom von 0,1 Ampère entladen, d und e wurden mit einem äusserem Widerstand von je 10 Ohm, f mit 20 Ohm und g mit 50 Ohm dauernd geschlossen.

Die elektromotorische Kraft der Elemente a beider Typen ging in 90 Tagen von 1,53 Volt auf 1,50 Volt zurück.

Von Type 1 wurden die Elemente b und c mit einem konstanten Strom von 0,20 Ampère entladen, d und e wurden mit einem äusseren Widerstand von je 5 Ohm, f mit 10 Ohm und g mit 20 Ohm dauernd geschlossen.

Die Abnahme der Klemmenspannung während der Entladung war folgende:

Type 2.

Zeit nach dem Einschalten	b. Entladen mit 0,1 Ampère	c.	d. Geschlossen durch 10 Ohm	e.	f. Geschlossen durch 20 Ohm	g. Geschlossen durch 50 Ohm
offen	1,52 Volt	1,50 Volt	1,50 Volt	1,52 Volt	1,50 Volt	1,50 Volt
15 Minuten	1,49 „	1,47 „	1,45 „	1,50 „	1,48 „	1,48 „
1 Stunde	1,47 „	1,45 „	1,42 „	1,45 „	1,46 „	1,45 „
8 Stunden	1,38 „	1,37 „	1,32 „	1,35 „	1,39 „	1,44 „
12 „	1,35 „	1,35 „	1,29 „	1,32 „	1,38 „	1,41 „
1 Tag	1,31 „	1,30 „	1,23 „	1,27 „	1,35 „	1,39 „
2 Tage	1,25 „	1,21 „	1,09 „	1,16 „	1,31 „	1,37 „
4 „	1,04 „	1,00 „	0,96 „	0,99 „	1,24 „	1,33 „
6 „	0,87 „	0,87 „	0,93 „	0,94 „	1,13 „	1,34 „
8 „	0,84 „	0,88 „	0,88 „	0,89 „	1,03 „	1,31 „
10 „	0,74 „	0,82 „	0,86 „	0,87 „	0,99 „	1,31 „
12 „	0,76 „	0,78 „	0,84 „	0,85 „	0,98 „	1,29 „
14 „	0,71 „	0,71 „	0,79 „	0,82 „	0,98 „	1,28 „
16 „	0,64 „	0,64 „	0,76 „	0,78 „	0,94 „	1,26 „
18 „	0,56 „	0,57 „	0,74 „	0,77 „	0,91 „	1,25 „
19 „	0,47 „	0,48 „	0,72 „	0,75 „	0,89 „	1,25 „
20 „	0,32 „	0,35 „	0,67 „	0,73 „	0,89 „	1,22 „
22 „	.	.	0,58 „	0,66 „	0,89 „	1,20 „
25 „	.	.	0,52 „	0,61 „	0,85 „	1,18 „

Zeit nach dem Einschalten	b. Entladen mit 0,1 Ampère	c.	d. Geschlossen durch 10 Ohm	e.	f. Geschlossen durch 20 Ohm	g. Geschlossen durch 50 Ohm
27 Tage	.	.	0,44 Volt	0,54 Volt	0,91 Volt	1,16 Volt
30 „	.	.	0,38 „	0,43 „	0,88 „	1,13 „
34 „	.	.	.	0,40 „	0,87 „	1,10 „
37 „	.	.	.	.	0,83 „	1,08 „
40 „	.	.	.	.	0,83 „	1,05 „
45 „	.	.	.	.	0,78 „	1,02 „
60 „	.	.	.	.	0,54 „	1,02 „
69 „	.	.	.	.	0,39 „	1,01 „
70 „	.	.	.	.	.	1,01 „

Bis zu einem Abfall der Klemmenspannung auf 0,40 Volt wurden bei den vorstehenden Entladungen ausgegeben
von Type 2, Element b 46,8 Ampèrestunden
„   „   2   „ c 47,1   „
„   „   2   „ d 54,3   „
„   „   2   „ e 62,4   „
„   „   2   „ f 69,8   „

Das Element g hat in den obigen 70 Beobachtungstagen 38,7 Ampèrestunden geliefert und ist zur Zeit noch nicht erschöpft.

Zur Erläuterung der Ablesungen, wie sie vorstehende Tabellen als Beispiele bieten, zeichnet man die Resultate auch graphisch auf als:

Entladungskurven.

Wie schon in einem früheren Kapitel mitgetheilt wurde, geben die Wattkurven, welche nach den bei der Entladung gemachten Ablesungen aufgezeichnet worden, ein charakteristisches Bild über den Werth von Elementen. Die Fig. 56 gegebenen Wattkurven sind bei Entladungen auf einen konstanten Widerstand von 5 Ohm gewonnen, während die Fig. 57 solche bei 1 Ohm Entladung wiedergiebt.

Betrachten wir in beiden Figuren die mit I und mit A bezeichneten Kurven, welche bei einem bestimmten Fabrikat einer ähnlichen Type entsprechen, so finden wir, dass bei 5 Ohm äusserem Widerstande die Stromstärken bei irgend einer Spannung von Anfang bis Ende der Entladung für die Kurve I höher liegen als für A, weil das Element I grösser als A war, so dass man hieraus noch keinen definitiven Schluss auf die Güte der Depolarisation ziehen kann. Vergleichen wir aber die Kurven für 1 Ohm äusserem

Widerstand, so zeigt sich, dass die Kurve I für irgend eine Spannung geringere Stromstärken als A aufweist. Das Element I setzt zwar

Wattkurven bei 5 Ohm.

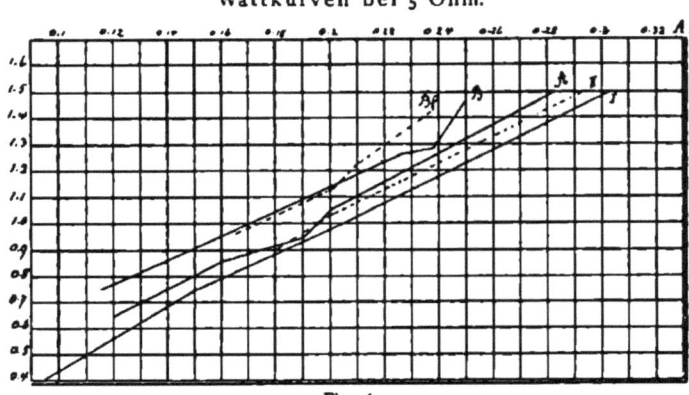

Fig. 56.

Wattkurven bei 1 Ohm.

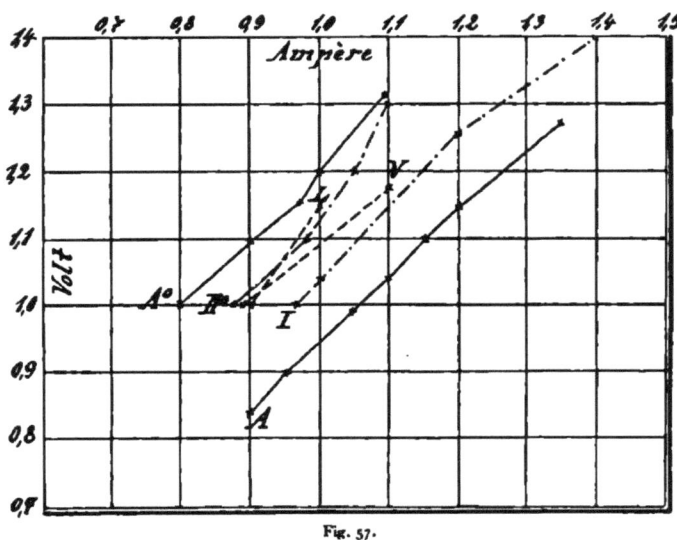

Fig. 57.

höher ein als A, hat aber bereits bei 1,3 Volt (Fig. 57) eine um 0,08 Ampère geringere Stromstärke, die bei 1,1 Volt sogar um 0,10 Ampère kleiner wird. Hieraus folgt, dass bei grösserer Entladungs-Stromstärke das Element A, obgleich kleiner als I, doch besser depolarisirt.

Da jedoch bei diesen Wattkurven die Entladezeiten nicht berücksichtigt sind, so kann man sie nur zum Vergleich schon bekannter Elemente brauchen, deren Leistungen man wiederholt kontrolliren will. Hat man's mit noch nicht genau bekanntem Fabrikat zu thun, so muss man ausserdem noch wissen, in wie viel Stunden die Spannung z. B. auf 1,0 Volt gesunken ist, oder man muss, wie dies in einer der Tabellen geschehen ist, die Wattstunden berechnen.

Wattkurven und Zeiten bei 5 Ohm.

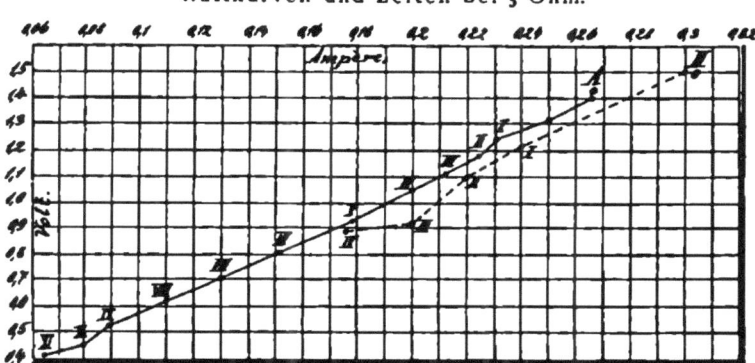

Fig. 58.

Dass der Verlauf der Entladung nach diesen Wattkurven allein nicht maassgebend ist, ergiebt die Berechnung der Wattstunden für die beiden Kurven A^0 und II^0. Das Element A^0 war in 8 Std. 12 Min., das Element II^0 in 2 Std. 42 Min. auf 1 Volt angelangt, A^0 hatte dabei 8,281 Wattstunden und II^0 nur 2,917 Wattstunden ausgegeben, obgleich beide annähernd gleiche Grösse und gleiches Gewicht, sowie fast gleichen Preis hatten. A^0 ist also etwa dreimal besser und billiger als II^0.

Andererseits ersieht man aus den mit L und V bezeichneten Kurven, welche sich auf angeblich gleichwerthige andere Elemente beziehen, sofort, dass dieselben viel weniger leisten müssen, da beide Kurven mit viel geringerer Spannung und L auch mit geringerer Stromstärke einsetzen, sie erreichten beide schon in 1 Std. 42 Min. 1,0 Volt Spannungsabfall.

Die an einigen Stellen in den Wattkurven bemerkbaren scharfen Knicke lassen auf zeitweise mangelhafte Depolarisation schliessen. — Unter Berücksichtigung der Entladezeiten erhält man ganz analoge Wattkurven, wie Fig. 58 zeigt. Dieselben sind bei der Entladung zweier grösserer Elemente bei 5 Ohm äusserem Widerstand gewonnen. Die römischen Ziffern geben die Zeit von je 24 Stunden der Entladung an.

Am ersten Tage ist der Abfall der Wattkurve A am grössten, den zweiten Tag am geringsten, er nimmt dann wieder bis zum fünften Tage zu und bleibt bis Ende des siebenten Tages sich gleich; da aber die Stromstärke gegen das Ende der Entladung bedeutend abnimmt, so wird der Abfall in den letzten Tagen wieder geringer. Am elften Tage war der innere Widerstand 0,25 Ohm.

Die Wattkurve II setzt zwar sehr viel höher ein und hat auch eine höhere Stromstärke, fällt aber bedeutend schneller ab, so dass sie am Ende des zweiten Tages bereits einen viel geringeren Werth aufweist als Kurve A. Beide Kurven erreichen bei 0,9 Volt zwar fast gleichen Werth, jedoch A erst am Anfang des sechsten Tages, II aber schon am Ende des vierten Tages.

Spannungskurven.

In vielen Fällen begnügt man sich bei Untersuchung schon bekannter Elemente mit dem Ablesen des Spannungsabfalls bei Entladung auf einen konstanten äusseren Widerstand von 5 resp. 10 Ohm, und entladet bis etwa 0,5 Volt, um den Verlauf der Depolarisation genauer kennen zu lernen. Da eine solche Untersuchung bei guten Elementen immerhin 10 Tage bis einige Wochen dauert, so pflegt man nur zwei bis drei tägliche Ablesungen zu machen.

Der bei Akkumulatoren eintretende charakteristische Knick in der Spannungskurve, welcher bei 1,8—1,7 Volt Spannungsabfall meistens eintritt, ist bei galvanischen Elementen nicht so scharf ausgeprägt vorhanden, man wird jedoch auch hier die minderwerthigen Elemente dadurch mit Sicherheit ermitteln, indem man bis unter 1 Volt Spannungsabfall entladet. — Elemente, die nicht gut depolarisiren, setzen nicht allein bei Beginn der Entladung tiefer ein und bleiben tiefer in der Spannung, sondern fallen auch, nachdem sie etwa bei 1 Volt angelangt sind, schneller ab. Fig. 59 zeigt verschiedene Spannungskurven bei 1 Ohm äusserem Widerstand von Elementen verschiedenen Ursprungs, die ganz verschieden verlaufen.

Nicht immer kann man allein aus dem günstigen Verlauf der Spannungskurve auf die Güte des Elementes schliessen, man muss bei noch nicht bekannten Elementen Stromstärke und Zeit mit berücksichtigen. Ein Element, das z. B. höhere Stromstärken bei

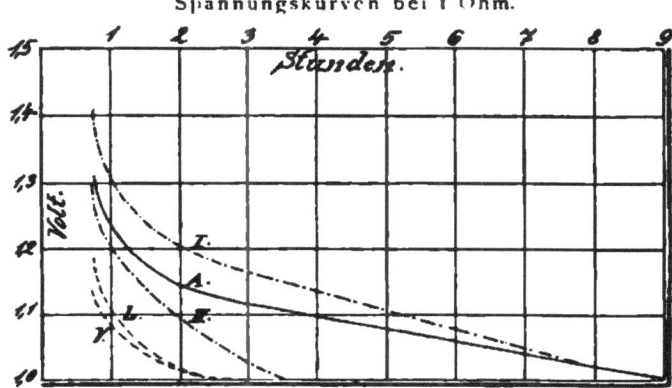

Fig. 50.

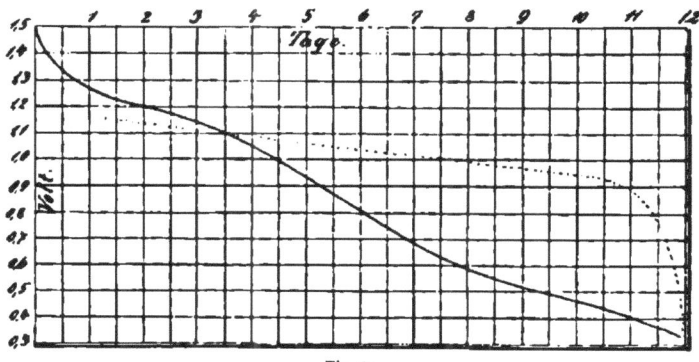

Fig. 60.

gleichem Entladewiderstand hat und auch höhere Spannung aufweist, fällt event. später zufolge der höheren Leistung eher ab, hat aber in den ersten Tagen mehr geleistet als ein anderes Element, das geringere Stromstärke hatte.

Also völlig korrekt sollte man nur die Leistungen in Watt vergleichen, wie dies bei den Kurven Seite 117 unter Berücksichtigung der Entladezeiten geschehen ist.

Tabelle der gebräuchlichsten

Name des Elements	+ Elektrode	Elektrolyt	
Daniell	Zink, amalgamirt	Schwefelsäure, Zinksulfat 1 : 7 bis 1 : 22	Kupfersulfat, gesättigt
Meidinger ...	„ „	Kochsalz, Bittersalz	„ „
Calland	„ „	„ „	„ „
Kohlfürst ...	„ „	„ „	„ „
Crawfoot, amerik. El.	„ „	„ „	„ „
Lockwood ...	„ „	„ „	„ „
Krüger, D. Reichs.- u. Telg. Verw. .	„ „	„ „	„ „
Siemens Pappelement ...	„ „	„ „	„ „
Lalande	„ „	Aetzkali	Braunstein u. Kupferoxyd
Hertel	„ „	„	„ „
Bunsen	„ „	Schwefelsäure 1 : 12	Salpetersäure, rauchende
Grove	„ „	„ 1 : 4 bis 1 : 12.	„ spec. Gew. 1,33
Chromsäure, Tauchelement .	„ „	—	—
Marié Davy ..	„ „	Schwefelsäure 1 : 12	Schwefels. Quecksilberoxydul als Brei
Chlorsilber-Elem.	„ „	Salmiak, Chlorzink, Kalihydrat	Chlorsilber
Upward Gasbatterie	„ „	Chlorwasser od. Chlorgas	—
Leclanché Barbier	„ „	Salmiaklösung	Salmiaklösung
Galvanophor ..	„ „	Chlorzink	Chlorzink
Hydra, trocken .	„ „	„	„
Etoile „ ..	„ „	„	„
Bloc „ ..	„ „	Salmiaklösung	Salmiaklösung
Hellesen „ ..	„ „	„	„
Gassner „ ..	„ „	Zinkoxyd	Zinkoxyd
E. C. C. „ ..	„ „	unbekannt	unbekannt
Hydra, nass. ..	„ „	Salmiak oder Chlorzink	Salmiak oder Chlorzink
Gnom „ ..	„ „	Salmiaklösung	Salmiaklösung
Fleischer „ ..	„ „	„	„
Reform-El., nass.	„ „	Salmiakcalciumlösung	Salmiakcalciumlösung

galvanischen Elemente.

Elektrode	Innerer Widerstand Ohm	Volt	Bemerkungen
Kupfer	1,0	0,98 — 1,08	für schwache Ströme, wenig mehr in Verwendung.
,,	neu 5 — 6 alt 6 — 10	1,18	für Ruhestrom bei Eisenbahntelegraphen.
,,	,,	0,98 — 1,02	bei französischen und österreichischen Telegr.-Verwaltungen.
,,	,,	,,	auf den böhmischen Eisenbahnen.
,,	1,5 — 2,0	1,18	in Nordamerika bei Telegr.-Verwaltungen.
,,	,,	1,10	,, ,, ,, ,,
,,	3 — 3,5	0,99 — 1,0	bei der Deutsch. Reichs-Telegr.-Verwaltung.
,,	4 — 10	1,1 — 1,2	für Messbatterien.
,,	—	0,7 — 0,9	für Beleuchtung und Elektromotoren, Laden von Akkumulartoren.
,,	—	1,2 — 1,35	für Beleuchtung und Elektromotoren Laden von Akkumulatoren.
Kohle	0,2	1,9	in Laboratorien.
Platin	—	1,7 — 2,0	,, ,, .
Kohle	—	2,0	,, ,,
,,	—	1,45	für Aerzte, Feldtelegraphen.
Silber	—	1,10 — 1,64	für ärztliche Zwecke.
Kohle	—	2,1	für Starkstrom, Laden von Akkumulatoren.
Braunstein, Kohle	—	1,4	für Haustelegraphen, Telephon-Anlagen, auch als transportable Batterien.
,,	0,15 — 0,4	1,5 — 1,6	desgl.
,,	0,08 — 0,3	1,5 — 1,6	desgl.
,,	0,2 — 1,06	1,5 — 1,6	desgl.
,,	0,10 — 0,27	1,5 — 1,6	desgl.
,,	0,10 — 0,5	1,5	desgl.
,,	—	1,3	desgl.
,,	—	1,45	desgl.
,,	0,04 — 0,08	1,5 — 1,6	desgl., nicht transportabel.
,,	0,15	1,5 — 1,6	desgl.
,,	0,4	1,4	desgl.
,,	0,02 — 0,05	1,7	für Zündungen, Treppenbeleuchtung.

Bisher war es zwar nur üblich, Stromstärke und Spannung als getrennte Kurven darzustellen, und dürfte Verfasser hier zum erstenmal den Verlauf der Entladung in Wattkurven dargestellt haben.

Auch die Wattkurven Seite 116 lassen an sich ohne weiteres keinen Vergleich zu, man muss stets auch die Entladezeiten mit in Rücksicht ziehen. Am Ende des dritten Tages z. B. ist Kurve A auf 1,11 Volt 0,215 Ampère, Kurve II aber auf 0,19 Volt 0,2 Ampère; Element II kann also trotz hoher Anfangsspannung und Anfangsstromstärke nicht so viel leisten als Element A,

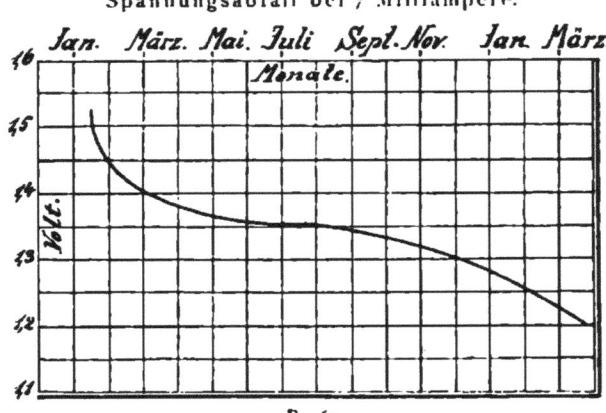

Fig. 61.

das also viel besser depolarisirt. Element A ist erst in der Mitte des fünften Tages, Element II aber schon in der Mitte des dritten Tages auf 1,0 Volt angelangt. Durch die Darstellung des Verlaufs der Entladung in Wattkurven nach den Entladezeiten erspart man die sehr zeitraubende Berechnung nach den einzelnen Ablesungen, und gewinnt ein sehr anschauliches Bild über den ganzen Verlauf der Entladung, da man die Werthe zu irgend einer Zeit oder bei irgend einer Spannung bezw. Stromstärke sofort ablesen und vergleichen kann.

Wie langsam bei einem guten Element die Spannung sinkt, zeigt die Kurve Fig. 60 bei Entladung auf 5 Ohm äusseren Widerstand, sowie die Kurve Fig. 61 bei konstanter Entladung mit 7 Milliampère durch die Seite 76 erwähnte elektrische Uhr. —

Eine allgemeine Uebersicht der Anfangsspannung der gebräuchlichsten Elemente ist in vorstehender Tabelle (S. 120/121) gegeben.

VII. Deutsche Patente bezüglich galvanischer Elemente.

Bei der praktischen Ausführung von Ideen, bei Patentstreitigkeiten, Prozessen und dergleichen ist ein Verzeichniss der wichtigen, bisher schon bekannt gewordenen Erfindungen von grosser Annehmlichkeit, ja oft ein Bedürfniss für den Praktiker: Verfasser hatte zunächst für seinen eigenen Gebrauch schon seit Jahren ein solches Verzeichniss angelegt und immer wieder ergänzt. Die Veröffentlichung dieser Liste dürfte daher vielen willkommen sein, dieselbe bildet auch gewissermaassen eine Ergänzung zu dem Werke des Herrn Dr. Franz Peters.[1])

Die ausländischen Patente gleichfalls in eine solche Tabelle zu bringen hat Verfasser unterlassen, weil alle Neuerungen von irgend welcher Bedeutung heute in allen grösseren Staaten patentirt und somit auch schon durch eine deutsche Patentliste bekannt werden.

Wichtige deutsche Patente bezüglich galvanischer Elemente der Klasse 21.

Patent Nr.	Name des Erfinders	Datum der Ertheilung	Gegenstand und Bemerkungen
23 994	Dr. C. Papst	28. 12. 82	Element.
27 675	Siemens	17. 8. 83	Elektroden.
27 873	C. Papst	1. 1. 84	Zusatz zu Nr. 23 994.
29 924	Siemens	1. 5. 84	Platten für Elemente.
30 041	de Khotinski	24. 5. 84	primäre und sekundäre Batterie.
32 399	Jablochkoff	25. 12. 84	Regenerativ-Element.

1) Angewandte Elektrochemie I. Bd. Die Primär- und Sekundär-Elemente von Dr. Franz Peters, Wien 1897.

Patent Nr.	Name des Erfinders	Datum der Ertheilung	Gegenstand und Bemerkungen
32 928	E. Bazin	7. 10. 84	rotirende galvanische Batterie.
34 092	Prim. Batt. Co.	1. 2. 85	galvanisches Element.
34 228	A. Dun	12. 7. 85	ein- u. zweizelliges galv. Element.
34 458	C. Papst	24. 4. 85	Eisenchlorid u. Ammoniak f. Elemente, Zusatz zu Nr. 23 994.
35 396	de Khotinski	18. 7. 85	Elektrode f. prim. u. sek. Elemente.
35 718	Prim. Batt. Co.	22. 3. 85	Elektrode f. galvanische Batterie.
36 167	G. V. Lagarde	7. 10. 85	rotirende elektrische Batterie.
36 417	Schanchieff	25. 12. 85	Erreger-Flüssigkeit.
36 520	K. Pollak u. G. Wehr	19. 9. 85	Regenerativ-Element.
36 683	S. Born	16. 12. 85	Elektrode f. galvanische Elemente.
36 875	Lagarde	26. 11. 85	rotir. Batterie, Zusatz zu Nr. 36 167.
36 907	Prim. Batt. Co.	15. 11. 85	Verbind. d. wirks. Masse bei Elementen.
37 739	de Khotinski	26. 1. 86	Zusatz zu Nr. 30 041.
37 758	Dr. C. Gassner	8. 4. 86	galvanisches Element.
37 777	M. Sappey	1. 1. 86	galvanische konstante Batterie.
37 933	E. R. Sullivan	11. 3. 86	positive Elektrode f. galvan. Elemente.
38 107	J. T. Armstrong	12. 12. 85	Füllen u. Leeren galvan. Batterien.
38 107	E. Bazin	1. 4. 86	rotirende Batterie.
38 217	Prim. Batt. Co.	6. 4. 86	Kontakt an der negativen Elektrode.
38 439	Sullivan	11. 3. 86	Primärbatterie.
38 657	Prim. Batt. Co.	1. 1. 86	Element, Zusatz zu Nr. 36 907.
39 315	O. Behrend	3. 9. 86	zweizelliges galvanisches Element.
39 324	O. Eisle u. A. Wunderlich	10. 11. 85	selbstrotirende galvanische Batterie.
39 391	Prim. Batt. Co.	6. 4. 86	Platten f. prim. u. sek. Element.
39 789	A. Friedländer	28. 11. 86	Tauchbatterie.
40 118	Schaefer u. Montanus	20. 11. 86	galvanisches Eelment.
40 629	E. F. Barbier u. M. Leclanché	14. 10. 86	depolar. Masse.
40 771	C. E. Menges	8. 2. 87	Elektrode f. prim. u. sek. Element.
41 561	O. Keenan	18. 12. 86	automat. prim. Batterie.
41 833	Curtis, Wheeler, Crooker	25. 2. 87	Tauchbatterie.
41 995	C. Desmazures	15. 3. 87	galvanisches Element.
42 534	C. Lütcke	1. 2. 87	galv. Elem., porös. Gefäss, Kupfersulfat.
42 551	R. Kändler	30. 7. 87	Verbindungsklemme.
42 562	W. J. Ludlow	10. 5. 87	Element u. Betrieb.
42 609	O. Lugo	10. 5. 87	Element, Zusatz zu Nr. 39 313.
43 259	Reissbarth & Co.	28. 7. 87	galvanische Batterie f. Fuhrwerke.
43 366	Menges	20. 8. 87	elektr. prim. u. sek. Element.
43 394	Dr. C. Höpfner	13. 2. 87	Cirkulations-Batterie.

Patent Nr.	Name des Erfinders	Datum der Ertheilung	Gegenstand und Bemerkungen
43 620	A. Thomas	28. 7. 87	Zellen f. galvanische Elemente.
43 622	S. W. Maquay	16. 8. 87	Tauchbatterie.
43 893	Spinn & Sohn	26. 12. 87	positive Elektrode f. galvan. Elemente.
44 177	Fichet & Nodon	22. 4. 87	konstante different. Batterie.
44 457	J. T. Armstrong	24. 7. 87	Füllen und Leeren von Batterien.
44 458	J. T. Armstrong	24. 7. 87	Kohlenelektrode.
44 863	O' Kenan	26. 8. 87	autom. prim. Batterie, Zus. zu Nr. 41 561.
45 251	Gassner	8. 11. 87	Trocken-Element, Eisenoxydhydrat, Chlorzink, Zinkoxyd.
45 468	M. Kugel	23. 8. 87	Kohle-Zink-Element.
46 360	Dr. H. Mehner	4. 8. 88	Trocken-Element.
46 668	Lahousse & Co.	20. 7. 88	Element mit zwei Flüssigkeiten.
46 677	C. Eisele	12. 2. 88	selbstrotirende galvanische Batterie.
46 682	H. B. Cox	29. 5. 88	Rührvorrichtung f. galvan. Batterie.
46 911	Th. Coad	20. 7. 88	Verbindung der Elektroden.
47 164	C. H. Wolff	11. 9. 88	Auflockern der Masse f. Elektroden von Trocken-Elementen.
47 315	A. Wunderlich	25. 6. 87	galvan. Cirkulations-Batterie.
47 317	Stöcker & Co.	31. 7. 88	Trocken-Element.
47 695	Mix & Genest	10. 11. 88	galvanisches Element.
47 957	Spinn & Sohn	29. 6. 88	galvanische Batterie.
47 963	D. Humphreys	9. 10. 88	Vorrichtung z. Einblas. v. Luft i. galvan. Batterien.
48 296	F. Gendron	1. 1. 89	elektrische Batterie.
48 446	P. Scharf	16. 8. 88	Gasbatterie.
48 448	W. Hellesen	2. 11. 88	prim. u. sek. Trocken-Element.
48 461	P. Lesueur	18. 4. 88	elektrische Cirkulations-Batterie.
48 498	E. Liebert	27. 7. 88	Elektrolyt f. Zink-Silber-Element.
48 695	E. Bender	9. 12. 88	Trocken-Element.
48 829	L. Mond	28. 11. 88	Gasbatterie.
48 850	Th. Wilms	13. 3. 89	Leclanché-Element.
48 867	K. N. Kusmin	1. 8. 88	Diffusions-Element.
49 168	Dr. H. Dreyfuss	14. 9. 88	Herstellung v. Lösungen f. Elemente.
49 208	L. u. G. Hoppe	15. 2. 89	Fällung galvanischer Batterien.
49 423	A. Zierfuss	4. 10. 88	Paste f. Trocken-Elemente.
49 499	Dr. M. Corsepius	28. 9. 88	Füllmasse f. galvanische Elemente.
49 613	Dr. L. v. Orth	16. 8. 88	auffrischbares galvanisches Element.
49 655	E. Liebert	9. 4. 89	Flüssigkeit f. galvanische Elemente.
50 662	H. J. Harris	28. 5. 89	galvanische Batterie.
50 812	R. Sauerwald	5. 1. 89	galvanische Batterie.
50 889	L. C. Renard	4. 11. 88	galvanisches Element.
51 157	L. Ochse	17. 4. 89	Tauchbatterie-Verbindung.
51 160	A. Schmidt	7. 5. 89	Zink-Silber-Element.

Patent Nr.	Name des Erfinders	Datum der Ertheilung	Gegenstand und Bemerkungen
51 624	Wolfschmidt & Brehm	23. 8. 89	Nachfüllvorricht. f. Trocken-Elemente.
51 796	H. Arld	11. 8. 89	Polklemme.
52 223	H. Meinecke	25. 7. 89	Chlorsilber bei Trocken-Elementen.
53 650	Th. Wilms	3. 12. 89	Zus. zu Nr. 48850, Leclanché-Element.
53 794	F. Marx	29. 1. 89	Eisenelektroden.
53 868	L. Mond u. C. Lange	28. 11. 88	Elektrolyt bei Godbatterien.
54 066	W. Burnley	21. 1. 90	galvanisches Element.
54 251	Maschinenfabrik Oerlikon	24. 4. 90	Paste.f.Trocken-Elem.,Zus. z. Nr.49423.
54 461	Reiniger, Gebbert & Schall	24. 5. 90	Vorricht., Gas aus Element zu lassen.
55 151	G. Esser	6. 12. 89	Feuchterhalten d. Trocken-Elemente.
55 351	E. Jess	16. 3. 90	Braunstein-Element.
58 272	v. d. Poppenburg	15. 3. 90	Element.
59 742	v. d. Poppenburg	22. 11. 90	Element.
60 848	C. Thranitz	11. 7. 91	Trocken-Element.
60 868	C. Vogt	23. 7. 91	Zwei-Kammer-Trocken-Element.
62 210	M. Müthel	20. 5. 90	Füllung f. Zink-Kohlen-Element.
64 533	C. Pollak	26. 11. 90	Zufuhr d. Flüssigkeit galvan. Batterie.
66 676	C. Stark	8. 3. 92	Trocken-Element-Verschluss.
69 465	A. Thranitz, Cemnitz	28. 5. 92	Braunstein-Kohlen-Elektr. f. galv. Elem.
71 728	D. M. Lamb, Boston	14. 10. 91	Verf. z. Herst. einer Füllung f. galv. Elem.
66 670	C. Stock, Schneidemühl	5. 4. 92	Trocken-Element-Verschluss.
61 097	K. Ocles	1. 4. 91	galvanisches Element.
65 488	Société Anonyme des Brevets Etrangers de Meritens, Paris	19. 9. 91	galvanisches Element.
62 178	C. v. Scheliha, Brüssel	12. 11. 90	konstantes galvan. Element.
60 207	M. Loppey, Paris	1. 11. 90	selbstthät. Füllen u. Leeren einer g. B.
60 806	E. Ortelli, Italien	16. 12. 90	Element mit Chlor gespeist.
64 280	A. Thranitz	13. 10. 91	keilförm. Graphit-Braunstein-Körper.
60 860	M. Wensky, jur.	25. 11. 90	verschl. konst. Elem. f. dreizellige g. E.
61 530	F. Poudrouse, Paris	20. 2. 91	Erreger-Flüssigkeit.
62 210	M. Müthel, jr.	20. 5. 90	Füllung f. Zink-Kohle-Element.
61 620	E.A.G.Street, Paris	19. 4. 91	Elektrode, Verfahren zur Herstellung.
61 988	F. Marcus	23. 6. 91	Elektrode, Anordnung.
61 675	V. Jeanty, Paris	6. 6. 91	Nachfüllvorrichtung f. galv. Elemente.
65 814	J. Schweig & Co.	11. 12. 91	Batteriegefäss mit Vorsprung. innen.

VII. Deutsche Patente bezüglich galvanischer Elemente.

Patent Nr.	Name des Erfinders	Datum der Ertheilung	Gegenstand und Bemerkungen
65 815	J. Schweig & Co.	24. 12. 91	Batteriegefäss mit Vorsprung. innen, Zusatz zu Nr. 65 814.
67 472	W. Engledue	11. 3. 92	Batterie f. tragbare Lampe.
69 465	A. Thranitz	28. 5. 92	Braunstein-Kohlen-Elektrode.
70 437	Dr. E. Mohr	20. 10. 92	Tauchbatterie.
70 643	O. Pechül	31. 1. 93	zerlegbares Trocken-Element.
71 728	D. Lamb	14. 10. 91	Verf. f. Füllung von Elementen.
71 747	A. Czarnikow	15. 3. 93	Verschlussvorrichtung.
72 013	C. Hertel	1. 10. 92	galvanisches Element.
73 719	Liman & Oberländer	4. 8. 92	Depolarisationsmasse.
75 194	E. Weston	5. 1. 92	Normal-Element.
75 221	H. Barnett	6. 11. 93	Elektr. m. vergrösserter Oberfläche.
75 840	G. Oppermann	1. 12. 93	Depolarisationsflüssigkeit.
78 061	F. Taylor	10. 1. 94	Kreislauf und Flüssigkeit.
78 841	W. Walker	15. 2. 94	Neuerungen an galvan. Elementen.
78 973	A. Thranitz	21. 1. 94	Füllmasse f. Braunstein-Elemente.
80 005	M. Schöning, Berlin	15. 3. 93	galv. Batt. mit bei selbstthät. Zu- u. Abfluss d. Flüssigkeit eintret., durch abwechselndes Steigen und Fallen derselben bewirkten Depolarisation.
80 020	V. Ludwigsen, Copenhagen	31. 8. 94	Trocken-Element.
81 494	Dr. Platner, Witzenhausen a/Werra	30. 9. 94	Füllmasse f. galv. Elem. u. el. Sammler.
81 978	H. Barnett, London	1. 8. 94	galv. Elem. m. Luftdepolarisation.
82 112	G. Hübner, Gernsbach	11. 10. 94	Dep.-Masse f. galvan. Elemente.
83 627	C. Menges, Haag	20. 4. 95	Verfahren z. Aufbau v. prim. Elem.
80 020	Ludwigsen	31. 8. 94	Trocken-Element.
82 013	A. Heil	2. 9. 94	Verf. f. kupferhalt. Schwefelsilb.-Elekt.
84 715	Dr. G. Laura, Turin	28. 2. 95	Scheidewand f. galvan. Elemente.
85 112	O. Cudell	4. 2. 94	gefässf. Kohlen-Elektr. m. Schutzhülle.
85 828	J. M. Muffat	27. 8. 95	Gefäss f. elektrische Batterien.
86 435	E. St. Boysiton	10. 11. 95	röhrenförmige galvanische Batterie.
86 459	L. P. Hutin	16. 6. 94	Verf. f. Elektroden aus Legierungen.
88 163	A. Heil	6. 10. 95	Reinigen v. Braunstein-Elektroden.
88 710	Rowbotham	15. 9. 95	röhrenförmige Kohlen-Elektrode.
89 922	C. Vogt	20. 1. 95	Isolirung der Zink-Elektrode.
87 465	Ph. Justice	27. 10. 95	galvanische Tauchbatterie
87 698	G. Jungnickel	22. 2. 95	geschl. galv. Element m. Gasbehälter.
88 240	W. Rowbotham	15. 9. 95	galv. Element m. Flüssigkeitsumlauf.
88 241	E. Wunderlich	5. 9. 95	Druckluft zum Flüssigkeitsumlauf.
88 327	A. Bucherer	6. 4. 95	Gaselem. m. Sauerstoff u. Kohlenoxyd.

Patent Nr.	Name des Erfinders	Datum der Ertheilung	Gegenstand und Bemerkungen
88 613	P. Schmidt	19. 3. 96	E. m. Flüssigkeitsvorrath, Hydraelem.
88 704	Ch. Shrewsburg	8. 6. 95	Lösungs-Elektrode, Kohle in geschm. Nitrat.
90 020	Dr. L. Siberstein	24. 9. 95	elektrische Konzentrationskette.
91 049	W. Morison, Mousolain.	11. 6. 95	Tragbare galvanische Batterie.
92 102	Dr. F. Meyer, Kalk b. Cöln	23. 5. 95	Depolarisationsmasse f. galv. Elemente.
93 427	L. R. Edler v. Burgwall u. O. Offenschüssl, Wien	25. 10. 96	Prim.-Elem. m. regenerirbarer+Elektr.
93 978	C. W. Hertel, Berlin	16. 12. 96	Kohlen-Elektrode m. vielfachen Stromableitungen aus Kupfer.
94 140	M. F. Fuchs, Belfort	28. 11. 96	Prim.-Element m. filterartig. Behälter für den Depolarisator.
94 141	de Rufz de Lavison, Paris	11. 2. 97	galvan. Batterie m. Luftdepolarisation.
94 673	R. Crayn, Berlin	12. 2. 97	Trocken-Element m. innerem Flüssigkeitsvorrath.
Angemeldet	Hubbel & Boland	2. 3. 97	Elektrodenträger f. tragb. Batterie.
,,	Industriewerke Kaiserslautern	13. 8. 97	galvanisches Element.
,,	Exner u. Paulsen	10. 7. 97	galvanisches Element.
,,	Dr. Fr. Peters	2. 10. 97	Persulfate zur Depolarisation.
,,	Carl König	1. 10. 97	Zusatz zu 88 613, Flüssigkeitsvorrath.
,,	Dr. G. Platner	17. 8. 97	Depolarisationsmasse.
,,	H. K. Hess	1. 11. 97	Zu- u. Abführung d. wirks. Masse.
,,	C. Menges	19. 1. 98	Aufbau von Elementen.
,,	Carl König	9. 3. 98	Zus. z. 88 613, inn. Flüssigkeitsvorrath.
,,	J. E. Fuller	14. 3. 98	umkehrbare galvan. Batterie.
,,	Ch. H. Colle	14. 8. 98	Verf. z. Herst. v. Batterie-Gefässen.

Schluss.

Aus der grossen Zahl von Elementen hat Verfasser nur diejenigen ausgewählt, welche hauptsächlich eine allgemeine Anwendung gefunden haben. Die Gasbatterien und Cirkulationsbatterien sind zwar auch in zahlreichen Konstruktionen bekannt geworden, es ist jedoch keine derselben in allgemeinen Gebrauch gekommen und sind dieselben daher in diesem Werke übergangen worden. Wie auf diesem Gebiete gearbeitet wird, geht auch daraus hervor, dass den Behörden mitunter bis zu 40 Patente auf Elemente zur Begut-

achtung vorliegen, von denen sicherlich nicht drei auch nur den geringsten Werth haben. — Das Verhältniss des Absatzes von trockenen und nassen Elementen (mit Braunstein) ist etwa wie 5 : 4, beide sind also Massenartikel im weitesten Sinne des Wortes. — Früher in den Anfängen des Trocken-Elements war der Absatz schwierig, weil es niemand verstand, sich in kurzer Zeit ein Urtheil über die Qualität zu bilden. Heute ist durch die ausführlich besprochenen Untersuchungsmethoden jeder Sachkenner im stande, in 24 Stunden mit Sicherheit zu entscheiden, wie das Element die Spannung hält, was doch in erster Linie interessirt. — Sachkenner aber ist nicht jeder Lehrer und Ingenieur der Elektrotechnik, sondern in unserem Falle nur der Schwachstrom-Techniker. — Es wird in dieser Hinsicht von vielen Technikern mitunter der reine Unfug getrieben. Sie maassen sich ein Urtheil in Dingen zu, die sie nur oberflächlich kennen, sie sind ja Elektrotechniker und der Laie schwört auf ihr Urtheil, obgleich es grundfalsch ist. — Autorität ist aber nur der Autor, der Urheber der Sache. So ist die Firma Krupp z. B. kompetent im Maschinenwesen, aber für Nähmaschinen z. B. gewiss nicht; diese bilden ein besonderes Gebiet, auf dem nicht jeder Maschinenfabrikant orientirt ist. — Verfasser hat sich bemüht, hauptsächlich dasjenige zu bringen, was in der ziemlich spärlichen Litteratur über galvanische Elemente wenig oder gar nicht enthalten ist, und hofft somit eine angemessene Ergänzung der bisherigen Werke mit vorstehendem Buche zu bieten, das lediglich der Praxis gewidmet sein soll.

Sachregister.

A.
Ableitungen an Kohlen 52—54.
Aeltere Konstruktionen von Trocken-Elementen 46—49.
Akkumulator für Uhrenbetrieb 105.
— Unterschied gegen Elemente 2.
Amerikanische Elemente 16.
Anforderungen an Elemente 9—10.
— an Bestandtheile 52. 59. 73.
Anwendbarkeit, Grenzen der 11.
Ansprüche an Elemente 9—10.
— an Theile 59. 73.
Apparate zur Untersuchung 86.
Arbeiten zur Herstellung 73.
Auswahl von Elementen 74. 76. 80.

B.
Barbier-Element 29.
Behandlung von Elementen 99—100.
— von Hertel-Elementen 21.
— von Kupron-Elementen 25.
Beleuchtungsbatterie 20.
Bestandtheile 7. 52. 73.
— Anforderungen an 59.
Betrieb für Beleuchtung 20. 105.
— für Uhren 103.
Bewerthung von Elementen 85.
Bloc-Element 45.
Braunstein-Element 31. 63.
— -Cylinder-Element 33.
— — -Mischung 33.
Briquet-Element 32.

C.
Calland-Element 16.
Capacität s. Kapacität.
Chlorzink 67.
Chrom-Element 26.
Clark-Element 50.
Columbus-Element 43.
Crawfoot-Element 16.
Curven s. Kurven.

D.
Daniell-Normal-Element 51.
Depolarisation 8. 13. 25. 27.
Depolarisator 63.
Doppel-Element 43.
Dreivolt-Element 43.

E.
Elektrolyt 32. 66.
Elemente, nasse 13. 27.
— trockene 38. 56.
— ältere 46.
— amerikanische 16.
— Barbier- 29.
— Bloc- 45.
— Braunstein- 31. 63.
— Braunstein-Cylinder- 33.
— Briquet- 32.
— Calland- 16.
— Clark- 50.
— Columbus- 43.
— Crawfoot- 16.
— Daniell- 13. 51.
— Doppel- 43.
— Dreivolt- 43.
— Etoile- 44.
— Fleischer- 30.
— französische 44—46.
— Gnom- 34.
— Hellesen- 39. 112.
— Hertel- 17.

Element, Hydra- 33.
— Kohlfürst- 16.
— Kupron- 22 — 25.
— Lager- 42.
— Lockwood- 16.
— Normal- 49 — 51.
— Reform- 35 — 37.
— Schmidt- 33.
— Szubert- 34.
— Vogt- 38. 58.
— Warren- 39.
— Weston- 50.
— für schwache Ströme 79.
— für starke Ströme 79.
— -Tabelle 78.
Entgasung 72.
Entladung durch Uhr 97. 103.
— im Kurzschluss 96.
— auf Widerstand 108.
Entladungskurven 24.
Entwickelung der Elemente 4. 56.
Erschöpfung 96. 99.

F.
Fehler im Element 64. 67. 98. 100.
Fleischer-Element 30.
Fortschritte der Elemente 4. 56.
Füllmasse 57. 70.
Französische Elemente 44.

G.
Gassner-Element 101.
Galvanophor 38. 58.
Gebräuchlichste Elemente 27 — 46.
Gefässe 45. 62. 63.
Gnom-Element 34.
Graphit 63.

H.
Hellesen-Element 39. 112.
Herstellung von Elementen 56.
Hertel-Element 17.
Hohe Stromstärke 96.
Hydra-Element 40.

L
Innerer Widerstand 88. 95. 121.

K.
Kapazität 17. 23. 78. 97. 101. 109.
Kohlfürst-Element 16.

Kohlen für Elemente 59.
Konstanten der Elemente 59.
Konstruktion der Elemente 1.
Konstruktionen, ältere 46 — 49.
Kosten der Ampère-Stunde 80.
— der P. S.-Stunde 80.
Klemmenspannung 96.
Kupron-Element 22 — 25.
Kurven 24.
Kurzschluss 96.

L.
Lager-Element 42.
Lalande-Hertel-Element 17.
Lalande-Edison-Element 78.
Leclanché-Element 27.
Leistung der Elemente 58. 70. 96.
Liste von Elementen 120.
Lockwood-Element 16.

M.
Magnesium 54.
Material für Elemente 73.
Materialverbrauch 80.
Meidinger-Element 13.

N.
Nasse Elemente 26. 27. 29. 30. 33. 34. 37.
Normal-Elemente 49 — 51.

P.
Paraffiniren der Kohlen 60.
Paste 70.
Patentliste 123.
Polarisation 7.
Pile Bloc 45.
Preis der Elemente 8. 78. 106.
— nach Leistung 85.
— des Stromes 80. 106.
Presse 65.
Prüfung der Elemente 82. 93.
— der Reichsanstalt 112.

R.
Reform-Element 35 — 37.
Regeneriren der Elemente 25.

S.
Salmiak-Spannungsreihe 3.
Salmiakcalcium 69.

9*

Salze als Elektrolyt 66 — 68.
Schaltungen 12.
Schaltung für Galvanoplastik 20.
Schwachstrom-Elemente 79.
Spannung der Elemente 58. 96.
Spannungsabfall 82.
Spannungskurven 118.
Starkstrom-Elemente 79.
Stromstärke der Elemente 11. 81. 96.
— der Wecker 76.
— der Batterien 81. 96.
Szubert-Element 34.

T.
Tabelle über Entladung
   auf 1 Ohm 108. 110.
   „ 0,585 Ohm 109.
   „ 5 Ohm 110. 112.
   „ 10 „ 113. 114.
   „ 20 „ 113. 114.
   „ Wecker 111.
   untersuchter Elemente 97. 102.
Tauch-Elemente 26.
Telephonbrücke 86.
Trocken-Elemente 38 — 49.
Trocken-Füllung 57. 70.

U.
Ueberlaufen 67. 100.
Unterbrechung im Element 98.
Unterhaltung der Elemente 21. 24. 99.
Unterschied zwischen Element und
   Akkumulator 2.
Untersuchung von Elementen 66. 82.

V.
Vergussmasse 71.
Verzeichniss der Patente 123.
Vorgänge im Element 6. 68.

W.
Wattkurven 94.
Wecker, Stromverbrauch 76.
Weston-Normal-Element 50.
Widerstand der Apparate 90. 95.
— der Elemente 57. 121.
— der Kohlen 60.

Z.
Zink 61.
Zweck der Elemente 3.
Zwei Zinkpole im Element 41.
Zusammensetzen der Elemente 72.

Berichtigung.

Der erste Absatz Seite 1 ist wie folgt zu ergänzen:

Hierunter versteht man eine Vorrichtung, einen Apparat, welcher durch chemische Veränderungen elektrische Energie zu erzeugen, elektrische Kraft in kleinem Maassstabe für die verschiedensten Zwecke zu liefern¹) im Stande ist, und zwar versteht man unter galvanischen Elementen im engeren Sinne, unter sogenannten Primär-Elementen solche chemischen Kombinationen, deren chemische Vorgänge praktisch nicht umgekehrt werden können.

Absatz 3 Seite 1 soll lauten:

In einem Gefäss, welches bestimmt ist eine Flüssigkeit zusammen zu halten, aus Glas, Metall, Hartgummi oder dergl. befinden sich gewöhnlich zwei verschiedene Theile in der Flüssigkeit, Elektroden genannt, von denen der eine aus Kohle, Platin, Silber, Kupfer oder unter Umständen auch Eisen, im allgemeinen aus solchen Substanzen gebildet ist, welche eine relativ geringe chemische Reaktionsfähigkeit besitzen, während der andere gewöhnlich aus Zink besteht oder allgemein aus einem Stoff grosser Reaktionsfähigkeit gegen die Flüssigkeit, den Elektrolyten.

Halle a. S., Buchdruckerei des Waisenhauses.